LA BÉRÉZINA

4ᵉ SÉRIE GRAND IN-8°.

LA
BÉRÉZINA

SOUVENIRS

D'UN SOLDAT DE LA GRANDE ARMÉE

PAR

ARMAND DE SOLIGNAC.

Il n'est vol si haut et si fort qui
ne défaille dans l'immensité des airs

(CHATEAUBRIAND.)

LIMOGES

EUGÈNE ARDANT ET Cie, ÉDITEURS.

PROLOGUE

L'auteur de ce livre est né à une époque où l'on attendait encore les prisonniers de Russie, débris égarés de la grande armée.

Il en revenait quelques-uns de temps en temps racontant, d'une manière assez vague, qu'ils avaient été retenus dans les mines de la Sibérie, et dûrement traités par un vainqueur impitoyable, ou que, recueillis après un combat par quelque famille de chrétiens charitables, ils y étaient restés sans pouvoir trouver le moyen de revenir ou de donner de leurs nouvelles. Tous avaient le visage ravagé par une vieillesse précoce et les forces épuisées : Mais tels qu'ils étaient on les accueillait avec bonheur dans leurs familles.

Soutenues dans leurs illusions par ces exemples, les pauvres mères qui n'avaient pas reçu depuis 1812 l'acte mortuaire officiel de leurs fils, espéraient toujours qu'un jour ou l'autre ils reparaîtraient à la maison.

Telle était, en 1829, ma vieille tante Marsat. Elle habitait Nouic en Limousin. Son mari qui exerçait la profession de médecin, était mort de tristesse, après avoir perdu l'espoir de revoir jamais son unique enfant. Ma tante enveloppée dans son deuil avait rompu, peu à peu, avec toute la famille, et, disait-on, ne sortait pas de l'Eglise. Elle avait plus de soixante-dix ans, et personne ne m'avait jamais parlé d'elle.

Cependant à la suite du grand hiver, des désastres considérables étant survenus, et ayant atteint un grand nombre de ces petits propriétaires de nos contrées, qui font cultiver sous leurs yeux leur domaine et vivent uniquement du produit de leurs récoltes, mon père, sans doute gêné, comme ses voisins, annonça un jour

que nous allions entreprendre un **voyage au-**
delà des montagnes et nous rendre chez la tante
Marsat.

Je me rappelle encore tous les détails de cette
expédition, quoique je n'eusse alors que cinq ou
six ans. C'était la première fois que je quittais
la maison paternelle. Nous étions ravis, ma
petite sœur et moi. Il faisait un froid sec et rude.
Mon père monté sur un grand cheval marchait
devant. Ma mère suivait assise **sur une selle**
d'homme et enveloppée d'un immense tablier de
cheval en drap vert, où se cachait ma sœur
qu'elle portait dans ses bras. René, le domestique de confiance, fermait la marche avec un
cheval de labour et me tenait en croupe, attaché
à lui par une courroie. Ce devait être un curieux
spectacle.

Nous marchions, fouettés par la bise, à **travers**
les immenses châtaigneraies où les chemins sont
à peine tracés. Nous passions devant les métairies
isolées, aux toits ensevelis sous la neige. Personne ne paraissait aux portes pour nous regarder. Les chiens transis de froid n'aboyaient

même pas, et un petit flocon de fumée sortant de la cheminée des chaumières, indiquait seul la présence de l'homme.

Tant que le jour dura, dura aussi notre chevauchée. Une seule fois ma mère obtint qu'on s'arrêtât un peu dans une ferme, pour réchauffer mes pauvres petits membres. L'hôtesse nous fit un grand feu de genêts et nous régala d'une galette de pâte de pomme de terre au lait. Je m'en souviens encore. Mais je n'ai jamais pu retrouver le secret de cette pâtisserie primitive qui m'avait semblé excellente.

A la nuit tombante, René signala dans la brume un château, puis l'aiguille d'un clocher. C'était le château du Fraisse et le clocher de Nouic : nous arrivions.

La vieille tante Marsat nous attendait. Elle vint au devant de nous sur le seuil de la porte, et je la vis, petite de taille, un peu dodue, avec une figure belle et triste, ayant derrière elle la grande Cattie, sa servante, qui tenait à la main une lanterne et nous regardait l'un après l'autre d'un air méfiant. Néanmoins, elle se hâta de devoir accompli, elle ouvrait l'un après l'autre les meubles, le bureau de noyer, l'armoire à linge, le placard. Elle regardait chaque objet et les remettait en place comme des reliques. C'étaient de petits vêtements d'enfants en belles étoffes, avec des ornements de ruban et de soie, des jouets sur lesquels se trouvait la trace des mains violentes d'un petit garçon; puis des livres, des objets d'étrennes, des bibelots plus ou moins précieux. Une boîte en carton vert, recouverte d'un crêpe noir contenait les lettres du conscrit à sa famille, soigneusement classées et étiquetées. Ma tante ouvrait rarement l'armoire sans les regarder. Souvent elle essayait de les lire, mais les larmes ne tardaient pas à la suffoquer.

Je n'ai jamais vu entrer dans cette chambre, outre ma tante et moi, qu'une seule personne. C'était une vieille demoiselle qui pouvait avoir quarante ans, et paraissait bien en avoir cinquante, à cause des habits de deuil qu'elle ne quittait jamais. On l'appelait mademoiselle de Cramaud; elle habitait une grande maison au

friandises à me donner. C'était moi qui faisais
ses petites commissions. J'allais lui chercher son
tabac à priser, son chocolat; je reportais le journal
qu'elle recevait de moitié avec le curé. Chaque
commission me valait quelque aubaine, et je les
faisais **avec** un zèle qui ne se ralentissait jamais.

Parfois elle me faisait entrer avec elle dans
une chambre où il y avait une sorte de petite
chapelle domestique. Elle s'y retirait pour prier
et pleurer en silence. C'était la chambre qu'occupait son fils avant son départ pour l'armée.
Personne n'y avait couché depuis dix-huit ans.
La tendresse maternelle avait exigé qu'on n'y
fît aucun changement, afin que le pauvre soldat
tant pleuré, la trouvât telle qu'il l'avait laissée,
si jamais Dieu permettait qu'il y pût revenir.
On avait seulement transformé une table en
autel, où étaient réunis quelques menus objets
de piété, autour d'un grand Christ de cuivre.

Lorsque je pénétrais dans cette pièce avec la
chère femme, elle me faisait d'abord ôter ma
casquette, comme dans un lieu saint. Puis elle
faisait une prière à genoux, moi près d'elle; ce

nous précéder dans une grande salle, toute boisée en gris, où flambait un bon feu, devant un bon repas. Je ne sais plus comment on nous coucha ni jusqu'à quelle heure nous dormîmes le lendemain.

L'habitation de ma tante était une de ces installations commodes et vastes qu'on ne peut trouver que dans les petits endroits. Grande maison, immense jardin, cour, grange, écuries, pré et futaie. Quatre familles auraient pu y loger sans se gêner le moins du monde. Ma tante qui vivait seule depuis plus de quinze ans, et qui n'avait pas vu ma mère depuis la mort de son mari, voulut nous garder près d'elle. Elle nous installa dans une aile séparée de la maison, et nous y passâmes, ma sœur et moi avec notre mere, une partie de l'année qui suivit, tandis que mon père retournait à ses affaires.

Je me plaisais beaucoup à Nouic, parce qu'en-dehors de mes heures d'école qui étaient assez courtes, je passais tout mon temps près de la vieille tante et qu'elle me gâtait de son mieux. Elle avait toujours dans ses poches quelques bout du bourg près de la cure. J'ai entendu dire à mon père qu'elle était de grande noblesse, et que cependant elle avait dû épouser le fils de ma tante, parce qu'ils avaient été élevés ensemble. La mère de mademoiselle de Cramaud était morte depuis environ une dizaine d'années : la mort de son père remontait beaucoup plus loin. Elle vivait très-isolée comme ma tante. Ces deux femmes se voyaient presque tous les jours, unies par les liens mystérieux de la tendresse et de la mort. Cependant elles évitaient de parler de l'objet de leur commune douleur. En présence de ma tante, mademoiselle de Cramaud affectait même une certaine légèreté d'esprit et parlait volontiers de modes, de nouvelles futiles ou de recettes de pâtisseries. C'est elle qui a montré à ma mère à faire ses excellents massepains qu'on enferme dans des boîtes de papier après en avoir battu la pâte parfumée avec des verges de bouleau.

Nouic était l'Eden pour moi. Un beau jour on m'en tira de vive force pour me conduire au collége. J'avais atteint l'âge où il devient indispensable pour tout enfant de bonne famille d'apprendre que *Dominus* est du masculin et *templum* du neutre. Je ne revis plus ma pauvre tante. Elle mourut dans le courant de l'hiver. Ma mère hérita du peu qui lui restait. La maison fut vendue et même le mobilier. Aux vacances suivantes, ma famille avait quitté le Limousin pour revenir dans la propriété paternelle, où j'avais passé ma première enfance.

Ce ne fut que bien des années plus tard, et après avoir terminé mes études scolaires que, feuilletant un jour de vieux papiers, avec les goûts naissants d'un futur antiquaire, je retrouvai, plié dans un journal, le paquet des lettres du pauvre conscrit de 1812.

Pour la première fois, je les lus dans la solitude des champs. Elles me remuèrent le cœur et m'apprirent d'une manière qu'on n'oublie pas, les événements de cette terrible épopée qui porte dans l'histoire le nom d'*Expédition de Russie*. Je les ai gardées longtemps avec un égoïsme jaloux. Aujourd'hui que tout le monde parle de guerre avec un esprit léger, et sans

paraître songer aux calamités qu'elle entraîne,
je me décide à les publier : car si la guerre est
sainte lorsqu'elle a pour objet l'honneur du
foyer, la défense de la patrie et les tombeaux des
ancêtres, elle est odieuse lorsqu'elle ne sert qu'à
la vanité d'un conquérant.

« Le monde, dit Châteaubriand, n'aperçoit
dans Napoléon que des triomphes : Moi, je pense
souvent que des larmes de toutes les mères auxquelles il a enlevé leurs fils, des souffrances de
ceux qui sont morts de froid ou de douleur, pour
l'accomplissement de ses ambitieux desseins, de
ces infortunes méprisées, de ces calamités des
humbles et des petits, se forment dans les conseils de la Providence, la cause secrète qui précipite du faîte les dominateurs du monde... »

UN CONSCRIT
DE LA GRANDE ARMÉE

LETTRES D'UN CONSCRIT DE 1812.

PREMIÈRE LETTRE

Mayence, le 6 mars 1812.

Ma bonne mère,

Voici trois semaines que je t'ai embrassée
pour la dernière fois en quittant nos chères montagnes, et déja j'ai traversé toute la France
pour pénétrer en Allemagne. Ah! que je suis
loin de toi, et qu'il y a longtemps que je n'ai
entendu ta voix! J'ai bien tardé, n'est-ce pas à
t'écrire? Mais on marche si vite, et puis les
étapes sont si longues! Cependant ce n'est pas
la véritable raison qui m'a empêché jusqu'ici de
te donner de mes nouvelles. Je voulais pouvoir
te dire que je ne pleurais plus! que je prenais
goût au métier, que je marchais comme un
autre, que je dormais bien sur la paille et que

le pain de munition me semblait excellent. Tu
voudras bien lire cela à mon père, pour qu'il me
pardonne ma paresse d'autrefois.

Je vois bien, maintenant, comme il avait
raison de me pousser à l'étude. Si j'avais écouté
ses sages conseils, au lieu d'être un petit fan-
tassin obligé de porter tous les jours pendant
huit ou dix lieues son sac, son fusil, ses munitions et ses vivres et d'implorer le soir, de la
pitié d'un paysan, une petite place au feu pour
cuire ma soupe, et une botte de paille dans une
grange pour reposer mes membres, je serais aujourd'hui comme il le désirait, un de ces jeunes
aides du service de santé, qui ont de bons
chevaux pour la route, de beaux habits, une
belle solde, et une chambre avec un bon lit chez
les bourgeois. Mais que veux-tu, le mal est fait.
Il faut bien en prendre son parti et faire, comme
dit le proverbe, contre fortune, bon cœur.

D'ailleurs, je t'assure bien qu'on aurait tort
de regarder les peines et les fatigues corporelles,
comme les plus pénibles à supporter. On s'y fait,
au contraire, bien vite. M'y voilà déjà accou-
tumé! Mais ce qui est toujours aussi vif, plus vif
même que le premier jour, c'est la douleur de ne
plus te voir; de ne plus t'entendre aller, venir,

par la maison, me dire une bonne parole,
appeler Cattie, préparer le repas de mon père
quand il rentre le soir, attardé par ses malades
dans les mauvais chemins; de ne pas retrouver
le matin en me réveillant les grandes boiseries
grises de ma chambre, les rideaux de fleurs de
mon lit, ma fenêtre, ma cheminée avec ses jolis
vases, ma table avec ces livres que j'étudiais si
mal, et, en face de moi, ton portrait souriant qui
me disait bonjour, pour m'inviter à ne pas
oublier d'aller t'embrasser sur les deux joues.

Tout cela me revient cent fois par jour, et je
ne suis pas le seul. Quand nous marchons en
cadence par les chemins, il y en a qui chantent
de joyeuses chansons pour se donner de l'entrain
et marquer le pas; mais beaucoup d'autres en
regardant les pâturages qui bordent la route, les
arbres verts, les maisons blanches et les troupeaux qui mugissent se prennent à réfléchir, à
penser à leur hameau, à leurs parents, à leur
payse, et essuyent silencieusement leurs larmes
en baissant la tête.

Dans les villages de l'est de la France on fait
accueil aux soldats qui passent. Cependant on
en a bien vu de ces pauvres conscrits, depuis dix
ans! Au bruit du tambour qui annonce notre

arrivée, les petits enfants ouvrent les portes et accourent vers nous. L'un prend le sac, l'autre le fusil; ils se mettent naturellement dans le rang, ils crient : « Vive l'Empereur! » de toute la force de leurs petites voix. Les mères rient sur leurs portes en nous montrant à leurs poupons, mais les vieillards branlent la tête en s'appuyant sur leurs fourches, et pas un homme jeune ne se montre. Ils sont tous partis ou déserteurs; les contrefaits seuls ont été épargnés.

Généralement on fait halte dans les gros bourgs. Les officiers font alors former les faisceaux avec les fusils, pour donner le temps de souffler un peu et de boire un coup. On achète à la hâte un morceau de pain, du saucisson ou du fromage et l'on mange sur le pouce, tout en demandant le nom de l'endroit, et des nouvelles des gazettes. Il y a des bonnes gens qui ont pitié des soldats dépourvus d'argent et leur donnent des provisions. Quelquefois les dames des châteaux ou les riches fermiers font distribuer du vin, en disant les larmes aux yeux que leur fils est parti et qu'ils seraient bien heureux d'apprendre qu'on lui donne aussi quelque douceur. Bien vite le tambour recommence à battre, on reprend son arme et son rang et l'on part en serrant les mains compatissantes qui se tendent vers vous.

Le soir amène enfin le terme de l'étape. C'est un moment que tout le monde attend avec impatience, car les plus robustes ne tardent pas à se fatiguer à ce rude métier de juif errant; les pieds se fendent, la chaussure blesse et beaucoup de pauvres diables qui étaient partis pleins de courage le matin, n'arrivent qu'en traînant la jambe et laissant après eux une trace de sang. Comme le gîte est connu d'avance et que les fourriers ont eu soin de partir en avant pour faire le logement, on s'empresse de nous distribuer les billets où chacun trouve inscrit le nom et l'adresse de l'habitant chez lequel on doit passer la nuit.

Cette distribution est une vraie loterie. J'ai logé jusqu'ici chez toutes sortes de gens, chez des bourgeois, chez des ouvriers, chez des marchands, chez de petits rentiers, et chez de grands seigneurs. Il ne m'arrive jamais de regarder le nom et la profession de mon hôte, sans me dire : Voyons ce qu'il y aura ce soir de particulier, et chaque soir c'est un nouveau spectacle, de nouvelles habitudes, des caractères différents, des maisons qui ne se ressem-

blent, ni par la distribution, ni par l'ameuble-
ment, ni par les mœurs de leurs maîtres. Rarement on refuse de nous ouvrir. Cela se voit,
pourtant, et m'est arrivé un jour où j'étais plus
fatigué que de coutume, et où mes pauvres
membres grelottaient dans ma capote mouillée.

La maison était jolie, le jardin verdoyant
était couvert de fleurs printanières aux doux
parfums et ensoleillé de chauds rayons. Il y
avait au fond une jolie tonnelle de noisetiers, de
lilas et de jasmins, comme celle de chez nous, où
j'ai passé de si bonnes heures avec toi, madame
de Cramaud et Marthe; des pigeons jouaient sur
la toiture de briques rouges, et un gros chien
épagneul à poils noirs frisés et marqué de feu,
comme celui de notre curé, était nonchalamment
étendu sur le seuil. Tout cela me réjouissait.
J'entrai le rire sur les lèvres, mon billet de
logement à la main. Mais je demeurai interdit
en apercevant au fond de la tonnelle deux femmes en grand noir, qui poussèrent un cri en
m'apercevant. Aussitôt une servante accourue
en toute hâte s'empressa de me barrer le passage, en me disant dans son jargon badois un
déluge de paroles qu'elle accompagnait de grosses larmes. Je compris à moitié, dans son dis-

cours, qu'on avait récemment pris le fils de sa
maîtresse, afin de grossir l'armée destinée à
soutenir les projets ambitieux de l'ogre de Corse,
et que ce malheureux jeune homme venait de
succomber à la fièvre maligne dans quelque
garnison lointaine. Je me retirai tout confus et
profondément touché d'avoir ainsi à mon insu
réveillé la douleur d'une pauvre mère, et peut-
être d'une sœur ou d'une fiancée. Je pensais,
malgré moi, à la désolation qui descendrait aussi
dans notre demeure et dans le cœur des personnes qui m'aiment, si je venais à succomber
dans cette lointaine guerre : Mais, Dieu merci,
je me porte bien, et il n'y a aucune crainte à
avoir sur mon compte.

Je me souviens que ce jour-là, le cœur encore
tout serré de ce que je venais de voir, je n'eus
pas le courage de retourner au poste pour
demander un autre gîte. J'entrai dans la première masure qui s'offrit à mes yeux, et je me
trouvai dans une maison si pauvre, si dénuée,
que ce fut moi qui me trouvai riche, en compa-
raison de mes hôtes, et, en échange de la botte
de paille qu'ils me donnèrent, je partageai avec
eux ma ration de viande fraîche et mon pain,
aliments dont ils ne paraissaient pas avoir
mangé depuis longtemps.

Disons bien vite que, pour un mauvais gîte, il y en a vingt bons. On voit de suite cela sur la figure des gens à qui l'on se présente en leur tendant son billet. Le père de famille vous invite à vous asseoir, à vous chauffer devant la cheminée de la cuisine où le dîner cuit. La ménagère vous conduit dans une chambre bien blanche pour y poser votre sac et changer de vêtements; les enfants rôdent autour de vous, les vieilles gens vous interrogent : De quel pays venez-vous? avez-vous vos parents? que font-ils? depuis quand les avez-vous quittés? Et lorsque vous parlez de sortir pour aller chercher votre ration de pain, de viande, de sel :

— Allons donc, dit le père de famille, il y a du sel pour vous ici, allez, et du pain aussi et du vin ou de la bière dans la cave, chauffez-vous, vous dînerez avec nous, à la fortune du pot.

Alors on se met à table, moins heureux encore de l'invitation en elle-même et du dîner qu'elle vous promet, que de la pensée d'échapper pour une fois à la gamelle commune, à la grossièreté des camarades, de se mettre à table, de manger avec une serviette, de voir qu'il y a encore d'honnêtes familles où l'on parle sans jurer, où

l'on se dé altère sans se griser, où l'on trouve
des choses plus intéressantes à dire que de com-
menter le bulletin de l'armée. Alors, je pense à
vous, mes bons parents, à toi, ma pauvre mère,
et je ne puis m'empêcher de dire à tout le
monde combien je te regrette, combien il me
tarde que cette campagne soit finie pour aller
t'embrasser. Hélas! elle commence à peine!

Cependant nous avançons, nous sommes en
pleine Westphalie; nous ne trouvons presque plus
personne qui sache parler français, et le bon et
le cordial accueil que nous trouvions jusque-là,
dans presque toutes les maisons, devient de plus
en plus rare. On commence à nous regarder de
travers, et on nous indique du doigt notre lit
sans nous parler, et sans nous rien offrir au-delà
de ce que la loi commande. Cela se comprend
bien, quand on pense combien peu de temps
s'est écoulé, depuis que la France et l'Allemagne
étaient en guerre, et avec quelle surprise la
population rurale, qui ne connaît pas les détours
de la politique, a vu signer ce traité du
24 février dernier, par lequel le roi de Prusse,
Frédéric Guillaume, s'engage à fournir à Napoléon, en cas de guerre contre la Russie, un corps
auxiliaire de 20,000 hommes et à pourvoir à la

subsistance de l'armée française pendant tout son passage sur le territoire prussien.

Nous sommes encore bien loin du théâtre de la guerre et nous y marchons sans en connaître le but ni le motif. Nous ignorons quels sont en Europe nos ennemis et nos alliés, dans cette lutte épique qui se prépare. Nous savons seulement que l'empereur a mis sur pied une armée de six cent mille hommes, c'est-à-dire la plus grande agglomération de soldats qui se soit jamais vue, et que sur un espace de plus de vingt lieues autour de nous, il n'est pas une grande route où ne défilent, nuit et jour, soit des soldats, soit des munitions, soit des bagages. Leur multitude est si grande et leurs provisions si nombreuses, que, dans les pays où nous passons, on croit moins voir une armée en marche, qu'un peuple entier qui émigre, emportant avec lui toutes ses richesses.

Malgré tout cet appareil, l'esprit public ne paraît pas rassuré. Ni par mon âge, ni par mon instruction incomplète, je ne suis en état de comprendre la politique. Mais j'entends dire autour de moi, par les sergents et les fortes têtes de notre colonne, que les meilleurs soldats de l'empereur sont en Espagne; que les nouveaux

régiments, trop souvent recrutés, manquent
d'ensemble; qu'ils ne se connaissent pas entre
eux, et qu'ils ont à peine eu le temps d'apprendre les éléments du rude métier qu'ils vont
faire. On ajoute, en baissant la voix, que les
généraux les plus dévoués à la personne de
l'empereur, désapprouvent cette expédition et
cherchent à l'en détourner. On cite des mots du
général Caulaincourt, et l'on parle des colères des
généraux Daru et Berthier, ses plus intimes
amis, qui cherchent en vain à montrer la folie
d'une pareille entreprise.

Quoi qu'il en soit, nous voici à Mayence depuis deux jours. La ville était déjà pleine de
soldats : maintenant elle en regorge. Le médecin
en chef des ambulances, entrait dans la place en
même temps que nous, avec les grands convois
de matériel hospitalier, et tous ses aides, sous-
aides et infirmiers. C'est un homme un peu fort,
petit et brun; il a des cheveux très-longs et une
mine un peu rude. On dit cependant qu'il est
plein de sollicitude pour le soldat, et le plus
digne homme qui se puisse voir. Je me suis empressé d'aller lui remettre la lettre du docteur
Dubois, comme mon père me l'avait recom-
mandé, mais j'avais mal choisi mon moment.

Une estafette à cheval l'attendait pour le conduire auprès d'un général malade. Il a lu ma lettre à la hâte, et me tendant la main sans cesser d'être grave : « Venez me voir, jeune homme, me dit-il, nous tâcherons de faire quelque chose pour vous. »

C'est sur ce vague espoir que je vous quitte, mes bons parents : je vous embrasse en fils respectueux et vous prie de me rappeler au bon souvenir de tous les amis, et en particulier de madame et mademoiselle de Cramaud.

Un dernier baiser pour toi, ma bonne mère.

LÉON MARSAC.

DEUXIÈME LETTRE

Dresde, 19 mai.

Ma chère et tendre mère,

Je viens de recevoir ta bonne lettre. J'y ai trouvé le mandat envoyé par mon père, qui m'a fait bien plaisir, car un peu d'argent est toujours nécessaire au soldat, en pays étranger. Mes yeux se sont remplis de larmes en y trouvant aussi le joli scapulaire brodé par Marthe. Il n'était pas besoin de me recommander de le porter. Ce cher talisman ne me quittera pas, et j'espère bien vous le montrer au retour, quand la grande armée reviendra victorieuse, de la plus lointaine expédition qui ait jamais été entreprise.

Ma dernière lettre était datée de Mayence : nous voici, maintenant à Dresde, c'est-à-dire à cent lieues plus en avant. Cette ville est bâtie sur l'Elbe, c'est une très-grande et très-belle capitale remplie de palais, d'églises et de musées. Les Saxons l'appellent la Florence du Nord. En ce moment elle est plus animée que jamais, car l'empereur Napoléon y vient d'arriver, et auprès de lui se pressent les souverains, les généraux et les ambassadeurs.

Nous avons eu hier une revue, comme il n'y en aura peut-être jamais sur la terre. Les rois d'Autriche et de Prusse avec les reines et toute leur cour, les innombrables princes allemands et tous les grands officiers de l'empire entouraient l'empereur. L'impératrice était là et effaçait toutes les autres par l'éclat de sa parure. On eût cru être à Saint-Cloud, tant notre général semblait à l'aise, et chez lui, au milieu de ces cours étrangères, à plus de deux cent cinquante lieues de sa capitale. On voyait qu'il avait convoqué cette assemblée de souverains, pour bien faire comprendre au monde jusqu'où s'étend sa puissance et l'autorité de son nom. Mais à la tenue sévère, au visage sombre de la plupart d'entre eux, il était facile de comprendre quelles amères pensées s'agitaient dans leurs esprits, et quels trésors de haines cette publique exhibition de leur impuissance amassait dans leurs cœurs. En les regardant assister impassibles au défilé de nos troupes, je ne pouvais m'empêcher de me rappeler ce que disait souvent notre vieux curé, dans les conversations du soir avec mon père :

« La France s'est aliénée les peuples par les conquêtes, et les rois par ses révolutions. Elle ne peut plus avoir d'amis, mais seulement des sujets ou des rivaux. »

Au milieu de tout cela j'étais enivré par le bruit des tambours et de la musique, par le cliquetis des armes, par la variété des uniformes. Est-il possible, me disais-je, qu'il y ait tant de généraux, tant de colonels, couverts de broderies, de décorations, de panaches. C'était comme un vertige devant mes yeux. A perte de vue dans toute la plaine, sur toutes les hauteurs voisines, à travers les arbres et les moissons, on ne voyait que des régiments, de l'artillerie, de la cavalerie, des fantassins; et puis encore dragons, carabiniers, cuirassiers, hussards, lanciers de toutes couleurs; des Français, des étrangers, des Allemands, des Italiens, des caissons, des ambulances, toujours et toujours, et partout, comme une neige qui couvre la terre.

Suivant son usage, l'empereur s'est promené dans les rangs. Nous étions tous pâles d'émotion. On criait de toutes ses forces : « Vive l'empereur. » Il souriait.

Je l'ai bien examiné. Son portrait est maintenant gravé pour toujours dans mon esprit. C'est un petit homme un peu replet, avec une figure carrée, mais belle et noble, le teint pâle, les cheveux noirs et plats, le nez un peu fort et des yeux d'aigle. Tandis que ses généraux sont chamarrés de broderies et de décorations, il ne porte sur son uniforme qu'une redingote de voyage en drap gris, un petit chapeau à la française, et des bottes à retroussis de buffle blanc.

A chaque régiment il s'arrêtait, parlait au colonel, aux sapeurs, aux vieux grognards, même aux conscrits. Il sait quelles sont les guerres que chaque corps a faites avec lui. Il rappelle à l'un la bataille des Pyramides, à l'autre Austerlitz ou Marengo. Le vétéran qui se croit reconnu de son empereur, se grandit tout glorieux au milieu de ses compagnons moins anciens qui l'envient.

Le tour de ma compagnie est venu. L'empereur s'est arrêté devant moi. Il m'a fait défaire mon sac. Il m'a demandé si le pain était bon.

J'avais la langue collée au palais, je n'ai pu ré-
pondre. Mon voisin s'est écrié : Excellent, mon
empereur. Il a eu pour sa récompense une bonne
parole de celui devant qui tout tremble, et moi
j'ai passé pour un sot.

La revue a duré depuis sept heures du matin
jusqu'à quatre heures du soir. Les plus robustes
étaient épuisés de fatigue et de chaleur. Enfin,
chaque corps a défilé devant la tribune où se
tenaient les reines, les impératrices et les prin-
cesses : le tumulte s'est évanoui, les musiques
ont cessé de se faire entendre, et, après tout ce
tapage, chacun de nous est rentré à son bivouac,
devant sa modeste écuellée de soupe.

Je serais ingrat, cependant, en disant que je
n'y ai rien gagné. Vers la fin de la journée, un
pauvre chien qui avait perdu son maître dans la
cohue, après avoir inutilement cherché un
refuge de tous côtés, est venu, ahuri, haletant,
les yeux hagards, se réfugier entre mes jambes.
Je l'ai flatté; il m'a suivi, et maintenant il est
tranquillement couché à mes pieds et rêve pendant que je t'écris. Nous l'avons surnommé
Mirault, comme le chien de la maison. Quelques hommes de l'escouade voulaient qu'on le
nommât *Chansard,* à cause de l'honneur qu'il

aura de faire **avec** nous le voyage de Russie, mais *Mirault*, a prévalu.

La vue des uniformes, le cliquetis des armes et la musique militaire exercent une telle fascination sur les peuples du Nord, que le soir de cette journée, les habitants de Dresde étaient malgré eux dans l'enthousiasme et nous serraient la main, comme à des frères. Notre propriétaire qui jusque-là avait à peine desserré les dents pour nous indiquer notre chambre, voulut absolument nous faire souper avec sa famille, mon camarade de lit et moi, et nous faire manger de sa choucroute, arrosée de sa bière.

Je me suis bien un peu ennuyé, au milieu de la fumée du tabac, car ces gens là n'ont d'autre distraction après le repas, que de fumer et de boire. Cependant, quoiqu'ils parlent peu, la boisson leur déliait la langue et j'en ai profité pour apprendre de leur bouche ce qu'ils pensent de notre expédition projetée en Russie. Je vous envoie un petit résumé, qu'il ne sera peut-être pas sans intérêt de comparer avec ce que disent les journaux français.

C'est, dit-on, unaniment ici, le doigt de Dieu qui conduit Napoléon, et il le conduit à sa perte. Après s'être aliéné comme à plaisir les peuples

et les autels, entre les deux précipices qu'il a
creusés aux deux bords de sa vie, il va, par une
étroite chaussée, chercher sa destruction au fond
de l'Europe. Il attaque sans provocation un peuple qui n'a pas violé ses traités avec lui,
uniquement parce que l'immense empire des
Russes porte ombrage à son ambition. Il compte
sur deux alliés, qu'il n'aura pas, la Suède et la
Turquie. La Suède est déjà gagnée à la Russie,
par un traité secret, signé le 24 mars 1812; et la
Turquie, par la paix qui va être signée inces-
samment (1), s'engage à la neutralité. Il est
vrai qu'il est allié à la Prusse et à l'Autriche.
Mais la Prusse, dont les trésors sont épuisés, et
dont les principales forteresses sont occupées
par des soldats français, a signé bien plus par
force que par affection le traité du 24 février
dernier, qui l'oblige à fournir des hommes et
des vivres. Il est également certain que l'empereur d'Autriche aurait voulu rester neutre, et
que ce n'est que par contrainte qu'on a pu lui
arracher le traité du 14 mars, avec la promesse
d'un secours de trente mille hommes. C'est en
vain que la France compterait sur la Pologne,
ce pays n'a ni blé, ni paille, ni foin, ni argent,

(1) Cette alliance fut conclue à Bukarest, le 28 mai 1812.

et le peuple opposé à la noblesse y entretient
sans interruption des troubles qui l'empêchent
de se reconstituer.

Quant à l'empereur de Russie, il a tout fait
pour éviter la guerre. Il a offert de renoncer à
tout commerce avec l'Angleterre, d'introduire
dans ses États un système de licence analogue
à celui qui règne en France, et en tout point
favorable au commerce français : Il consent à
l'échange du duché d'Oldembourg contre un territoire équivalent ; il ne demande que l'évacuation de la Prusse, et l'assiette d'un pays neutre
entre les aigles de France et les aigles moscovites.

À des propositions si équitables, Napoléon n'a
répondu que par l'envoi en avant d'un corps de
80,000 hommes, sous les ordres de Davoust,
bientôt suivi par les différents autres corps de
l'armée française.

L'armée russe que nous sommes appelés à
combattre est commandée par trois généraux de
grand mérite : Barklay, Bagration et Tarmassof.
Ils disposent de deux cent cinquante mille hommes, sans compter les auxiliaires.

Cela fera nécessairement un terrible conflit et
un choc mémorables de peuples. Mais il faut

bien espérer que nous aurons le dessus, car nous sommes les plus nombreux, et nous avons à notre tête le plus grand général que le monde ait connu depuis Charlemagne.

On dit que nous sommes à peu près à moitié route de notre première campagne, car l'empereur aurait déclaré, paraît-il, que pour cette année il ne dépasserait pas le Dnieper, et s'arrêterait à Wilna, ou aux environs pour y prendre ses quartiers d'hiver, en Pologne, chez un peuple bien disposé pour nous. Je peux même dire que j'ai vu le fourgon qui contient la bibliothèque de voyage, et les papiers de l'empereur avec lesquels il se propose d'écrire lui-même, pendant la saison des neiges, l'histoire de ses campagnes. Je dis, j'ai vu, parce que j'ai monté la garde devant les bagages de l'état-major, et qu'on m'a montré cette voiture, comme l'une des plus précieuses à sauve-garder.

Comme je vais aussi moi, bonne mère, profiter de ces loisirs pour t'écrire longuement, et te raconter jour par jour les incidents et les vicis-situdes de ma vie de troupier. Je m'en fais d'avance une extrême joie. Mais j'espère bien que tu ne seras pas plus avare des détails qui m'intéressent sur ce qui se passe chez nous. Si tu savais comme cela rend la maison paternelle précieuse de s'en trouver éloigné. Comme on apprécie mieux les tendres soins de la bonne mère : Comme on aime à se reporter vers les souvenirs de son enfance, vers les personnes, les lieux, les paysages qu'on avait l'habitude de voir, et qu'on aimait sans connaître l'étendue de sa tendresse, sans apprécier soi-même la place qu'ils tiennent dans le cœur.

Je t'assure bonne mère que je te reviendrai si bon, si affectueux, si soumis, si disposé à l'étude que vous ne me reconnaîtrez plus, et que mon père et toi serez fiers de votre fils. En attendant je vous embrasse sur les deux joues et j'en ferai autant pour Marthe et pour sa mère, si elles veulent bien le permettre.

TROISIÈME LETTRE.

Posen, le 30 mai 1813.
Thorn, le 8 juin.

Chère bonne mère,

Nous marchons presque constamment depuis ma dernière lettre. Cela ne me fatigue pas quand le temps est calme et frais, mais il fait dans le pays que nous traversons des alternatives brusques de chaleur, de pluie et de froid, qui sont bien funestes à la santé, et mettent beaucoup de nos camarades hors d'état de suivre l'armée.

On a bien raison de dicter le proverbe : **A beau mentir, qui vient de loin.** Cette Pologne que nous traversons en ce moment et dont on parle chez nous avec un si grand enthousiasme, ne mérite pas sa réputation.

Depuis que nous y avons pénétré, je n'ai vu qu'une région très-pauvre, sans routes et presque déserte, habitée par un peuple que la misère rend indifférent, et par une noblesse plus voisine de s'attacher au despotisme russe qu'aux nouvelles idées françaises.

Il me semble d'un autre côté que notre armée à changé de caractère. Au lieu du bon ordre de la discipline, du respect des propriétés dont chacun de nous se faisait conscience en traversant la Prusse, je ne vois autour de moi que pillage, désordre et indiscipline.

L'empereur avait prescrit de rassembler, sur les frontières de Pologne, des approvisionnements immenses. On avait embrigadé pour les transporter des milliers et des milliers de chariots et de charrettes, les uns traînés par des chevaux qui devaient servir à remonter l'artillerie à mesure que les provisions s'épuiseraient, les autres par des bœufs sur lesquels on comptait en cas de besoin pour servir à la nourriture de la troupe. Mais les bœufs ne sont pas destinés par la nature à parcourir de longues distances. Nous sommes à peine à moitié route et déjà ils ne peuvent plus marcher, accablés qu'ils sont par la fièvre et le marasme. Les chevaux de leur côté manquent de fourrage. Ce pays, ainsi qu'on nous l'avait prédit, n'a point d'approvisionnements. On ne nourrit la cavalerie qu'en coupant sur pied les blés verts, qui ne donnent qu'une détestable nourriture : et c'est pitié de voir les paysans en larmes, assister à la dévastation des récoltes sur lesquelles se fondaient leurs espérances de toute une année.

Pendant qu'on mécontente et qu'on ruine ainsi un pays allié, toutes les routes offrent le navrant spectacle de voitures abandonnées le long des fossés, faute d'attelages pour les conduire plus loin. Quelques-unes de ces voitures sont pleines de sacs effondrés, d'où le blé se répand à terre, d'autres sont chargées de caisses de biscuit, de lard, de café, de vêtements, de munitions. Les barils d'eau-de-vie roulent dans le chemin, les cartouches traînent dans la poussière ou dans la boue. Les conducteurs se dérobent par la fuite, pour échapper à la punition qui les attend, et les passants poussent du pied ces débris que les peines les plus sévères leur interdisent d'utiliser pour leur usage.

Ce matin en passant, avec l'estomac vide devant ces caisses brisées d'où s'échappaient tant de choses propres à restaurer les gens tourmentés de la faim, je t'assure, bonne mère, que j'étais bien tenté de saisir quelques biscuits, ou quelque bribe de chocolat ou de saucisson, ou quelques gorgées d'eau-de-vie, et je me sentais plein d'indulgence pour les malheureux qui souffrent de la famine, et qui empruntent de force le bien d'autrui. Mais, maintenant, je suis restauré et revenu à de meilleures pensées : On vient de nous camper dans les villages qui bordent la rivière au-dessous de la ville, et nous devons y passer la journée de demain à nous reposer, ce qui me permettra de soigner mes pieds meurtris et de t'écrire longuement la lettre que je commence ce soir.

Je reprends après huit jours de marche, chère bonne mère, ma lettre interrompue par le rappel du tambour, au moment où je me flattais d'un bon repos de deux jours.

Nous sommes à Thorn depuis hier, et je m'y trouve comme dans le paradis; mais je viens d'avoir la nuit dernière une émotion si violente, que je me sens incapable de te parler de quoi que 'ce soit, avant de t'avoir raconté ce triste événement.

Comme la ville est pleine de troupes et qu'il en arrive à toute heure et de tous côtés, on m'avait logé avec mon camarade de lit, qui est un Provençal, nommé Lustrac, dans une petite maison des faubourgs, chez des jardiniers, où il y a la femme, le mari et une jeune fille. Ces braves gens cultivent eux-mêmes un clos qui leur appartient. Ils ont une maisonnette fort propre, une vache et un cochon dans leur étable, et une basse-cour très-bien montée en poules, poulets et canards. Quand nous sommes arrivés chez eux, avec notre billet de logement dans la main, nous nous attendions à un mauvais accueil, car cela n'est plus rare aujourd'hui. Point du tout. Ils nous ont reçu tous les trois, j'entends le Provençal, Mirault et moi, comme si nous avions été de vieilles connaissances. Ce pauvre Mirault leur a bien rendu, à sa manière, l'honneur qu'on nous faisait, comme tu verras out à l'heure.

Nous avions soupé avec notre hôte qui parle un peu français, ayant servi autrefois chez un grand seigneur qui avait des propriétés en Berry, et nous venions de nous coucher, lorsque

Mirault, étendu sur un tapis devant la fenêtre, se mit à grogner d'une façon inaccoutumée. Il pleuvait à rafales et le temps était noir comme une nuit d'hiver, quoique nous soyons dans les plus beaux jours de l'année. Je me réjouissais d'être à l'abri, dans une bonne chambre bien close, tandis que tant et tant de nos pauvres camarades étaient à cette heure campés en plein champs, n'ayant pas toujours même un arbre pour les défendre de l'orage. Ces pensées m'empêchèrent d'abord de prendre garde aux grognements du chien. Lustrac, qui n'avait pas les mêmes distractions, avait déjà épuisé son vocabulaire pour réduire Mirault au silence et commençait à s'impatienter. Sa voix me rappela aux choses présentes et, surpris du ton inaccoutumé avec lequel la pauvre bête exprimait son inquiétude, je sautai à bas du lit.

— Ouvre silencieusement la fenêtre, me dit Lustrac à demi-voix. Je crois entendre parler dans la cour des gens qui ne sont probablement pas de la maison.

En effet, ayant entre-bâillé la fenêtre sans bruit, de manière à ne pas éveiller l'attention, j'entendis distinctement deux voix avinées, qu'il eût été difficile de ne pas reconnaître pour

des maraudeurs de notre armée, honteuse lèpre
qui tend tous les jours à s'accroître davantage.
Comme tous les hommes pris de vin, ceux-ci
parlaient haut et, malgré la tempête. j'entendais
distinctement leurs paroles.

— J'ai vu un porc gras dans la basse-cour.
disait l'un, il faut mettre le feu à la bicoque, les
paysans se sauveront, et nous aurons trouvé la
bête qui nous fournira une provision excellente
pendant quelques jours.

— Moi, j'ai aperçu une jolie fille, disait l'autre,
pendant l'incendie, j'aurai soin de lui sauver la
vie : elle m'adorera.

— Comme tu y vas.

— Oui, il faut savoir joindre l'utile à l'agréa-
ble, *utile dulci.*

Et leurs rires crapuleux se mêla aux plaintes
du vent, dans les grands arbres.

—.Ce qui me semble difficile, reprit le premier, c'est que le feu prenne par un temps
pareil.

— En effet, dit l'autre, l'eau est ennemie du
feu, et il pleut à torrent.

— Nous pourrions remettre la partie à demain.

— Mais si d'autres ont la même idée que
nous.

— Ce n'est pas probable : cette maison est isolée et entourée de grandes murailles qui la dérobent presque à la vue. Elle est d'un difficile accès, et ce n'est qu'après deux jours de recherches que j'ai découvert la petite porte dérobée.

— A demain, alors.

— Oui, à demain, c'est plus prudent, nous nous trouverons à neuf heures au cabaret de la *Treille.*

— C'est convenu.

J'entendis alors leurs pas s'éloigner avec le son de leur voix, et mon oreille ne fut bientôt plus frappée que par la chute monotone des gouttières qui découlaient du toit.

— Ferme la fenêtre, me dit Lustrac ; le danger est passé pour ce soir. Demain matin nous préviendrons notre hôte, et quand ils se présenteront, ils trouveront à qui parler.

Je fermai à demi la fenêtre et me remis au lit. Lustrac se tourna vers la muraille et commença à ronfler. Mais Mirault qui s'était tu pour me laisser écouter, recommença bientôt ses grondements sans qu'il me fut possible de l'arrêter. Cependant comme je n'entendais aucun bruit qui put justifier la colère de cette excellente bête la fatigue l'emporta et je m'endormis.

Je ne sais depuis combien de temps le sommeil m'avait gagné, quand au milieu d'un cauchemard affreux, un hurlement formidable du chien se fit entendre et nous réveilla en sursaut, mon camarade et moi. En même temps des cris de détresse, partant de l'étage inférieur, arrivèrent jusqu'à nous, en nous donnant l'éveil d'un grand danger. Sans prendre le temps de rallumer la lampe et à demi-vêtus, nous nous précipitâmes au bas de l'escalier, où un spectacle cruel nous attendait.

Fou de terreur et une lampe à la main, sur la porte de la chambre où étaient couchées sa femme et sa fille, le jardinier essayait vainement de calmer les vociférations de quatre brigands en costume de soldat qui, le sabre en main, voulaient lui passer sur le corps pour arriver jusqu'aux femmes

Cette vue me fit une impression telle que je tremblais comme une feuille, et c'est à peine si, au milieu de ma terreur, la pensée de remonter chercher mes armes et de lancer mon chien sur les agresseurs me traversa l'esprit. Lustrac, au contraire, avec l'aplomb merveilleux des gens du midi, eut aussitôt saisi la situation et le parti qu'il en fallait tirer.

— Tiens, s'écria-t-il, voilà des anciens qui n'ont pas de gîte et qui cherchent un abri pour cette nuit d'orage. L'idée est fameuse. Comment ça va-t-il, camarades?

Les quatre assaillants levèrent la tête et firent un soubresaut en arrière à la vue de notre costume, qui tout imparfait qu'il fût donnait une idée de notre profession. L'un d'entre eux en gesticulant avec son sabre, entama une réponse qu'il ne put achever. Mais sa voix l'avait trahi. C'était un des deux ivrognes, que dans la soirée j'avais entendu projeter l'incendie de la maison du jardinier. Son compagnon, un grand diable de hussard qui ouvrait des yeux hébétés en nous regardant, n'était guère plus dangereux. Malheureusement il n'en était pas ainsi des deux autres, gens à la mine basse et fauve, qui se tenaient devant nous avec des expressions de loups affamés. Sans doute, en quittant le pied de la fenêtre où ils avaient délibéré de remettre leur projet au lendemain, nos ivrognes avaient rencontré ces deux recrues, et après leur avoir inconsidérément fait part de leurs espérances, revenaient, poussés par eux pour prendre leur part du pillage.

Lustrac comprit d'un coup d'œil que c'était

du côté des derniers venus que se trouvait le danger.

— Ces deux camarades sont pleins comme des outres, fit-il en leur adressant la parole, mais vous paraissez être tombés sur des hôtes moins honnêtes. Suivez-moi, je connais ici les bons endroits, quoique je n'y sois que depuis hier.

— Allons, vieux, ajouta-t-il en élevant la voix, et, s'adressant au pauvre jardinier ahuri, il ne s'agit pas de geindre ou de crier. Vite, un bon feu, dans ta salle basse, du vin et du jambon pour ces braves, si tu ne veux pas que nous fassions nous-mêmes les boudins avec le sang de ton porc.

En disant cela, il me serra la main d'une façon significative, et, prenant la lampe des mains de notre hôte, il entraîna les quatre maraudeurs vers la salle basse.

Je m'empressai de rassurer la malheureuse famille sur les intentions de mon camarade en les invitant à se fier à lui pour les délivrer de ces dangereux visiteurs.

Le vieux jardinier à demi-résigné et encore tremblant, jeta un fagot dans l'âtre et monta tout ce qu'on lui demandait, pain, vin, bière, viandes, et par-dessus une cruche de schnaps.

sorte de boisson très-enivrante, dont on fait une grande consommation dans le pays.

Les femmes pleuraient et se tordaient les bras de désespoir. Je passais mon temps à les rassurer, sans pouvoir y parvenir. De moments à autres, j'entr'ouvrais sous un prétexte, la porte de la salle basse, tantôt pour porter du bois, tantôt pour desservir les bouteilles : mais je baissais la tête et n'avais pas le courage de m'arrêter.

— Est-ce que ce gaillard là est le fils de la maison? demanda l'un des voleurs.

— C'est un conscrit, répondit Lustrac en faisant un jeste de suprême dédain; tout à l'heure il va nous aider à emporter le butin, en attendant laissons-le avec les vieux, pour les empêcher de sortir.

En parlant ainsi, il leur versait rasades sur rasades avec une générosité calculée. Les deux cavaliers déjà fortement émus, ne tardèrent pas à rouler sous la table; mais les deux autres buvaient avec défiance. Avant tout, ils voulaient piller, dévaliser la maison de ses provisions et de son argent.

Lustrac, saisissant le moment où je desservais une bouteille d'eau-de-vie pour la remplacer

par une de rhum, se baissa à l'oreille de son
voisin de gauche ; puis à celle de son voisin de
droite, et leur dit deux ou trois paroles mystérieuses en feignant de se cacher de moi.

— Comment sais-tu cela, camarade? dit l'un
d'eux qui paraissait difficile à convaincre.

— Par la fille de la maison, dit modestement
Lustrac, en baissant les paupières.

— Ouh! ouh! ouh! fit le premier en ouvrant
les yeux tout ronds et se pourléchant les
babines.

— Ouais! murmura le second, en dodelinant
de la tête.

— *Sufficit!* riposta Lustrac avec un geste
d'autorité. Il est temps d'agir, le jour pourrait
nous surprendre.

Il se leva; les deux voleurs le suivirent, et,
prenant une lampe, tous trois descendirent à la
cave. Il y avait là dans un angle une sorte de
serre, bien fermée par une porte solide, avec un
simple verrou. Le jardinier avait coutume d'y
entasser des provisions de légumes, et d'y
remiser ses instruments de jardinage hors de
service.

— C'est là, dit Lustrac, derrière une de ces
piles de fagots. Il ne s'agit que de chercher.

Et, entrant le premier avec sa lampe, il conduisit les deux compagnons jusqu'au fond du réduit. Ceux-ci se mirent à déplacer les fagots avec l'ardeur fébrile de gens qui cherchent un trésor, et qui ont peur d'être interrompus. Mais, tandis qu'ils s'y appliquaient, le rusé compère sortit tout à coup, et d'un bond ferma sur eux la lourde porte au verrou. Après quoi il remonta précipitamment.

— Maintenant, conscrit, me dit-il, il n'y a pas à balancer. Prends ton fusil, coules-y deux cartouches et le premier qui bouge, soit dans la salle, soit dans la cave, brûle-lui la cervelle. Moi, je vais chercher la garde.

— Mais, objecta la femme du jardinier, ils vont mettre le feu aux fagots et nous brûler tous.

— Ne craignez rien, répondit-il, nos voleurs se brûleront les premiers, et ils ne sont pas encore assez gris pour perdre toute prudence. Du reste ayez confiance en moi, je ne serai pas longtemps absent.

En effet, moins d'une heure après, la prévôté arrêtait les quatre maraudeurs, et délivrait les pauvres jardiniers du pressant danger qu'ils avaient couru.

Je n'ai pas besoin de te dire si, depuis cet

exploit, nous sommes gâtés, choyés et entourés de prévenances par ces braves gens qui ne cessent de nous appeler leurs anges gardiens.

Je t'écris tout cela, chère mère, après un bon dîner, sous une jolie charmille, où le soleil qui a succédé à la pluie, fait reluire les feuilles des arbres et où la brise apporte les senteurs embaumées des fleurs. Si j'étais moins loin de vous tous et de la France, je me laisserais aller au plaisir de vivre. Mais il y a si longtemps que je ne t'ai embrassée, et l'époque du retour est si incertaine.

Vois comme j'oublie facilement de te parler de notre vie militaire, et de nos exercices, et des jurons de nos capitaines, et des horions de nos sergents, et des leçons théoriques ou pratiques où nous passons chaque jour cinq ou six heures, pendant les journées dites de repos, comme celles qui se succèdent depuis notre séjour à Thovn : Mais je suis si heureux quand je puis m'isoler un peu de cette vie tumultueuse et toute mécanique, pour me transporter en pensée vers nos vertes montagnes et penser à vous.

Je viens de relire les quatre ou cinq lettres de toi, qui me sont parvenues, chère bonne mère; ainsi les petits mots d'encouragement de madame

de Cramaud et le court billet de Marthe. Tout ce
qui y est contenu, me touche au-delà de ce que
je saurais dire, et vos bons souhaits, vos prières
pour moi, vos tendres encouragements me donnent une nouvelle force, une vigoureuse résolution, pour braver les rudes travaux de nos
métiers, sans me laisser abattre, et pour soutenir
mon courage par la douce pensée de vous revoir
et de mériter votre louange

Adieu, chère bonne mère, adieu ; ton
souvenir restera toujours présent à la
pensée de ton

LÉON.

QUATRIÈME LETTRE.

Heilsberg, 13 juin 1812.

Chère et bonne mère,

Nous avons encore parcouru six longues journées de marche, et nous voilà en Lithuanie, dans une contrée où nous cherchons vainement quelque chose qui nous rappelle encore les sites, les mœurs, et les visages de la patrie. Cela met du noir dans l'âme plus qu'on ne saurait dire, et vous pénètre malgré vous de défiance pour l'avenir incertain qui nous attend.

Nous avions pourtant quitté Thorn dans de bonnes conditions, mon camarade et moi, bien munis, par nos excellents hôtes, de linge, de chaussures et de provisions. Nous marchâmes allégrement, pendant les quatre premiers jours, sans nous soucier de la chaleur qui est extrême en ce vilain pays, mais le paysage ne tarda pas à devenir d'une monotonie accablante. Nous marchions sur des routes à peine frayées, sur un terrain absolument nu et sans culture. Point de villages à l'horizon, point de prairies, point de troupeaux, mais une plaine immense où l'œil se perdait dans la brume. Le soleil dardait sur nos têtes ses rayons de feu. Le fer de nos armes nous brûlait les mains, et sous le poids de nos sacs, nos corps se trouvaient d'une transpiration abondante. S'il se trouvait un petit cours d'eau encaissé, dans la terre mouvante, chacun s'y précipitait malgré les chefs; mais avec une armée si nombreuse, les premiers seulement pouvaient boire, les autres ne rencontraient que de la boue, ou une eau jaune dans l'empreinte des pieds qui avaient foulé le rivage avant eux.

Nous marchâmes très-péniblement toute cette journée là. A la halte, qui fut courte, personne n'essaya de manger. Nos visages étaient gonflés et bouffés de chaleur, nos membres épuisés, nos yeux aveuglés de poussière. A peine commencions-nous à nous remettre que la pesante chaleur du jour fut brusquement remplacée par un froid humide et aigre qui pénétrait jusqu'aux os. Le soleil disparut en un instant, pour faire place à un ciel blanc, semblable à celui des nuits d'hiver. Nous commencions à frissonner comme des fiévreux. A perte de vue s'étendaient des marais immenses, d'où s'échappait une odeur malsaine, et sur lesquels serpentaient des routes foncées de pièces de bois, pour empêcher les pieds des hommes et des animaux de s'enfoncer et de disparaître dans leurs profondes ornières.

Rien n'eût été plus dangereux que de marcher dans l'obscurité, dans ce terrain mouvant; mais il était encore moins prudent d'y vouloir bivouaquer pendant la nuit, à cause de son insalubrité. La lune vint à notre secours en nous inondant de sa douce lumière. Elle se leva vers huit heures, dans une atmosphère d'un effet étrange et splendide. Il nous sembla 'tout à coup qu'une grande nappe d'eau s'étendait devant nous, comme un lac ou un bras de mer. Déjà quelques compagnies commençaient à s'effrayer et à murmurer à demi-voix, quand nos officiers, prévenus par les guides, vinrent nous donner l'explication de ce phénomène. Ce n'étaient que des brouillards sortis du marécage, dans lesquels le ciel se reflétait, avec une telle précision, que la surface de l'eau n'eut pas su

mieux faire. La brume baignait la terre, et les
pieds des arbres, plantés au bord des fossés,
semblaient de loin chargés d'une végétation
fantastique, qui leur donnaient l'aspect de
maigres vieillards, vêtus d'étoffes brillantes, avec
de longues barbes argentées,

Cette marche de nuit, sous un brouillard
glacé, me parut encore plus fatiguante que la
chaleur de la journée. Sans doute nos chefs
éprouvèrent le même sentiment, car elle ne se
renouvela pas.

Au petit jour nous quittâmes les marais pour
retrouver les immenses plaines, au milieu desquelles la route serpente sur un sable jaune et
fin, sol aride, où cherche à vivre une végétation
chétive, et où le regard ne s'arrête à l'horizon,
que sur des bois de sapin d'un vert sombre, qui
paraissent noirs de loin, comme des larmes de
deuil sur un linceul blanc.

Les villages sont toujours très-clairs semés
sur ce sol ingrat. Celui où nous nous sommes
arrêtés présente une physionomie aussi nouvelle
que celle des contrées où nous entrons. Les
maisons sont construites avec des troncs de
sapin, coupés d'égales longueur, puis écorcés,
superposés et assemblés solidement. Les fenêtres

et les portes sont petites et taillées en plein bois, les toitures sont en chaume. On obtient aussi un édifice très-solide et rapidement construit, qui ne manque pas de grâce quand il est neuf; mais en vieillissant il prend une teinte sombre et triste, et forme des masures encore plus laides que celles de nos paysans limousins dans les villages des montagnes. Les habitants croient parer à cet inconvénient, en couvrant leur demeure de grossières peintures, vertes, rouges, jaunes et violettes. Je ne connais rien de plus hideux. Au milieu des villages est une église, avec une coupole également barbouillée de peinture, et un peu plus loin une sombre demeure en pierre, avec des fenêtres grillées et des bastions. C'est le château.

Comme nous entrions dans le village sans être attendus, l'heure indue nous fit assister à un bien lamentable spectacle. C'est celui du supplice des verges. Tous les hommes du voisinage étaient formés sur deux lignes parallèles, tenant chacun un bâton à la main, et un pauvre diable nu jusqu'à la ceinture, les mains attachées à un bâton que tenait un ancien, marchait lentement suivant son guide à travers cette double haie, tandis que de droite et de gauche, chaque assistant lui appliquait un vigoureux coup de trique. Le défilé devait recommencer jusqu'à ce que le patient eut reçu mille coups. Son corps était déjà bleu et tout sanglant, quand notre général arrivant, fit cesser ce barbare supplice. Il s'informa pour quelle faute le malheureux était ainsi fustigé, et apprit avec assez de peine que son crime était d'avoir, moyennant quelques roubles, introduit des soldats de la colonne qui nous avait précédée, dans la cave d'un château où ils avaient fait main-basse sur toutes les provisions. Le général fit lâcher ce mauvais patriote, qui prit aussitôt la fuite dans les bois ; mais il est probable que les siens ne tarderont pas à le saisir de nouveau, et lui feront payer cher sa petite trahison.

Il s'est trouvé que nous avions toute une journée et toute une nuit pour nous reposer. J'ai bien profité de la journée, et je vais encore mieux profiter de la nuit, quand j'aurai fini ma lettre. Mes hôtes sont des bourgeois aisés. Le mari exerce la profession de médecin, mais il est à l'armée russe qui fuit devant nous. La mère est plus âgée que toi, ma chère maman. Elle paraît bien chagrine, ainsi que ses deux grandes jeunes filles, toutes blondes avec de beaux yeux bleus accoutumés à rire. On m'a d'abord accueilli très-froidement, comme tu peux croire : Mais quand j'ai connu la profession du mari, je me suis empressé de dire que mon père était aussi médecin ; et cette révélation a tout à coup changé les dispositions de mes hôtesses à mon égard. Elles m'ont fait servir des framboises, du schnaps et du thé, avec de petits pains fourrés de viande hachée. J'étais tout honteux, et ne savais comment remercier, mais ces dames se sont mises sans façon à manger avec moi, et cela m'a rendu un peu d'assurance.

On mange sans cesse dans cette contrée, quoique les provisions soient rares, et que les fruits et les légumes manquent presque complètement, sauf les pommes, les framboises, les raisins, les choux, les épinards et les pommes de terre. Les riches vivent de viande et de conserves très-épicées, caviar, poisson salé, jambons, et charcuterie de toute sorte. Les pauvres, de bouillie de gruau, de choucroute, de pain trempé dans l'huile, de lard et de pommes de terre. Tout le monde boit du thé, de la bière et du schaps : le vin est réservé aux riches.

Le mobilier des maisons diffère beaucoup du nôtre. Sauf la salle où la famille se tient pour tous les exercices de la journée : repas, visites et travail, les pièces sont généralement petites : C'est pour la salle que tout le luxe est réservé. Un énorme poêle de maçonnerie, revêtu de briques peintes, y entretient constamment une douce chaleur, les siéges y sont moelleux et les tapis épais. Dans les chambres à coucher, au contraire, le matelas est de cuir et le mobilier mesquin. Cela ne se comprend pas chez un peuple où les nuits sont si longues.

Je serais mauvais juge pour parler des vêtements. Dans la classe pauvre, ceux des deux sexes ne diffèrent presque pas. Ils sont d'étoffes voyantes, et de fourrures avec des bijoux grossiers pour les femmes. La classe aisée affecte de se vêtir suivant les modes de Paris, en y ajoutant de longues pelisses, et les précautions rendues nécessaires par les changements brusques de température.

Le sentiment qui, dans le cœur des Russes et des Polonais de ce pays, domine tous les autres, c'est celui de ses devoirs envers le Créateur. Ce sentiment agit, au dedans par l'adoration, au dehors par les cérémonies et les observances. Il se manifeste dans tous les rangs de la société, et dans toutes les situations de la vie. Nuit et jour,

depuis le berceau jusqu'à la tombe, un Russe
vit, pour ainsi dire, en société avec Dieu, con-
sacrant à son service une somme de temps et
d'argent, que personne ne songerait à lui donner
dans l'Europe occidentale. Dans la chaumière
du paysan, aussi bien que dans le château du
seigneur, toutes les pièces sont sanctifiées par
de pieuses images, des statues de la Vierge, ou
des crucifix. Le père de famille entre dans sa
demeure avec respect, comme dans l'asile des
vertus domestiques, et comme lui, chacun de ses
enfants tient à porter, jusqu'à la tombe, la croix
qu'il a reçue au baptême, emblème sacré de la
persévérance dans la foi. La religion le suit dans
tous les actes de sa vie, au travail, à la guerre.

Il est impossible qu'une nation où la religion
et le sentiment de la vie future tiennent une si
grande place, n'aie pas un patriotisme très-
développé. C'est une pensée que j'ai entendu
émettre par tous les officiers respectables de
notre bataillon, aussi n'est-ce point sans une certaine appréhension qu'ils apprennent, chaque
matin, que l'armée de l'empereur Alexandre
fuit devant nous et évite de nous rencontrer en
bataille rangée. Ces vieux braves qui ont fait les
campagnes d'Egypte, d'Autriche et de Prusse,

sentent qu'il **y a** là-dessous quelque piége, quelque stratagème de guerre inconnu, et bien loin
d'en concevoir du mépris pour l'ennemi qui
nous évite, ils sont soucieux de l'avenir.

Pendant que chacun interroge ou explique les
événements, selon son caractère et ses espérances, on nous apprend que l'empereur, arrivé à
Thovn après nous, pour **y** visiter les fortifica-
tions et les magasins, s'est rendu de là à
Marienbourg, où il a eu une violente alterca-
tion avec le maréchal Davoust, puis à Dantzick,
afin d'y assurer le transport des vivres par terre
et par eau, pour l'armée immense qui entre en
pays ennemi, et de là à Kœnigsberg, où il doit être,
depuis hier, à passer la revue de ses magasins,
avant de nous rejoindre à Wilna, où nous serons
probablement dans une quinzaine de jours.

J'espère bien t'écrire encore d'ici-là, chère
mère, et te donner de mes nouvelles à Kowno.
qui sera notre prochain repos. En attendant je
t'embrasse de tout mon cœur, et ainsi que mon
père, et te prie de distribuer mes caresses autour
de toi, à tous ceux qui me suivent par la pensée,
dans cette triste et lointaine expédition.

CINQUIÈME LETTRE.

Wilna, 11 juillet 1812.

Chère bonne mère,

Il me semble qu'il y a un siècle que je ne
t'écris plus. J'ai laissé ma dernière lettre au
moment où la grande armée marchait au
Niémen, par trois colonnes séparées qui devaient
le franchir à peu près en même temps.

La colonne impériale, dont je fais partie et qui
se compose, dit-on, de 220,000 hommes, atteignit ce fleuve, entre les villes de Kowno et
Grodno, le 23 juin, dans la nuit. Les accidents
d'un terrain, couvert de forêts sans bornes,
firent que nous arrivâmes jusqu'au bord du
fleuve sans le voir, et, chose non moins éton-
nante, que notre immense colonne put s'établir

dans les bois sans dévoiler sa présence aux Russes de l'autre rive.

Napoléon, qu'une voiture avait transporté jusque-là, monta à cheval à deux heures du matin, impatient de reconnaître le point le plus favorable pour traverser le fleuve. Quelques camarades, qui montaient la garde de nuit, l'ont vu passer devant eux comme une ombre, accompagné seulement du général Haxo et d'une faible escorte. Après avoir considéré ce qu'il voulait voir, il rentra dans sa tente pour mûrir ses plans, et en sortit de nouveau à deux heures de l'après-midi, cette fois avec un nombreux état-major, pour passer en revue les corps de Davoust, d'Oudinot et de Murat, qui devaient traverser les premiers.

Dans la soirée on commença la construction de trois ponts à la fois, et l'ouvrage fut terminé vers minuit. Personne ne paraissait sur la rive opposée. L'empereur semblait radieux. « Allant et venant, tantôt il s'adressait aux officiers de sa suite, tantôt il semblait s'absorber en lui-même et on l'entendait fredonner entre les dents, l'air connu de « Malborough. »

Ce furent quelques sapeurs, dans une nacelle, qui traversèrent les premiers. Quel ne fut pas

leur étonnement de trouver la rive silencieuse,
et de n'y rencontrer aucun indice de guerre!

Il est certain que notre marche avait été si
rapide, que ni les habitants de ces rivages, ni
les chefs de l'armée ennemie n'étaient informés
de notre arrivée. Le passage du Niémen dura
trois jours. Il commença dans la nuit du 23 au
24, et ne fut terminé que le 25. Je faisais partie
des premiers détachements. Nous descendîmes
silencieusement au fleuve, à la faveur d'une profonde obscurité, après avoir passé la première
partie de la nuit, campés au milieu des seigles
verts, dans une clairière de la forêt. La vue de
ce fleuve solitaire et triste, glacé comme une
limite extrême entre nous et l'inconnu, me produisit un saisissement inexplicable. Jusque-là
nous n'avions marché que dans des provinces
détachées de la Pologne. Maintenant nous entrions en plein pays ennemi. Nos regards avides
cherchaient cette terre mystérieuse promise à
notre gloire et qui devait rendre notre expédition immortelle. Quand le jour parut, il ne nous
montra qu'un sable aride, et dans le lointain
d'interminables forêts. Mes yeux se reportèrent
malgré moi sur le rivage que nous venions de
quitter. Au soleil levant, apparaissait de loin la

tente de l'empereur comme entourée de rayons. N'était-il pas l'astre de la guerre, toujours invincible depuis le commencement de son incomparable carrière? Que pouvions-nous craindre avec un tel chef? Et comment trembler puisque toujours il était à notre tête.

Autour de la tente impériale, toutes les pentes des collines et toutes les vallées étaient couvertes d'hommes et de chevaux. Ces masses mobiles, ces armures étincelantes s'écoulaient en colonnes vers les trois ponts. On les voyait descendre en serpentant jusqu'au Niémen, s'allonger en étroit ruban sur les ponts et se grouper sur le sol nouveau, qu'ils croyaient appelés à conquérir et que la Providence destine peut-être à leur servir de tombeau.

L'empereur allait d'un pont à l'autre, au pas de son cheval, tantôt soucieux, tantôt gai, donnant sobrement ses ordres, modérant l'ardeur des régiments qui amenait la confusion, et se soulevant sur sa selle, la lunette à la main, pour scruter du regard la rive opposée.

Une partie de la première journée se passa ainsi. Les colonnes défilaient, le soleil montait Une chaleur accablante doublait le poids des armes et des sacs, où nous portions pour quatre jours de vivres. L'impatience à la fin sembla saisir le grand général, il franchit le fleuve, et, prenant la première route qui s'ouvrait devant lui, il s'enfonça dans la forêt, à la recherche de l'inconnu.

A peine était-il sur la rive opposée que le jour s'obscurcit, le vent s'éleva et nous apporta les sinistres roulements du tonnerre. Ce ciel menaçant, cette terre déserte étaient d'un mauvais présage. Bientôt l'orage éclata dans toute sa terrible majesté. A mesure qu'ils franchissaient les ponts de bateaux, les bataillons étaient inondés d'une eau plus abondante et plus froide que s'ils eussent traversé le fleuve à la nage. Il s'en suivit un désordre indescriptible, où beaucoup d'hommes et de chevaux perdirent la vie, et où de nombreuses provisions furent détruites et abandonnées.

Un couvent, situé en pleine forêt, offrit à l'empereur un abri momentané; mais les soldats qui n'avaient plus rien de sec, ni dans les sacs, ni sur le corps passèrent cette première journée le plus tristement du monde.

A Kowno, petite place située à une lieue à peu près du point où s'effectuait notre passage, la petite garnison, incapable il est vrai de so défendre, ne songeait qu'à prendre la fuite. Une simple patrouille put s'avancer jusque sous les murs de la ville. Elle rencontra un peloton de troupes russes commandé par un officier. — Qui êtes-vous? demanda l'officier. — Français! répondent fièrement les autres. — Que venez-vous faire ici? — Délivrer la Pologne et vous faire la guerre. L'officier n'en demanda pas d'avantage, il s'enfonça dans les bois. Les nôtres déchargèrent leurs armes. Ce fut le commencement des hostilités.

La bourgade de Kowno est avantageusement située au confluent du Niémen et de la Wilia, à l'extrémité d'une colline qui se prolonge flexueusement jusqu'aux environs de Wilna. La route sillonne sa base et borde un torrent très-profond, qui suit la colline et isole le chemin qu'on est obligé de suivre sans pouvoir s'en détourner. Elle est tellement sablonneuse et pénible que les voitures ne pouvaient la suivre, et qu'elle se trouva bientôt défoncée et impraticable. On mit cinq ou six jours pour parcourir la petite distance.

J'ai entendu raconter que l'empereur Alexandre donnait un bal dans son château de Zœcret, à une demi-lieue de Wilna, lorsqu'il apprit que

nos troupes franchissaient le Niémen. Ce château
fut envahi le jour de notre entrée dans Wilna ;
on le trouva abandonné, mais il semblait que le
bal n'eût été interrompu que depuis quelques
instants. Dans la confusion qui suivit la nouvelle
de l'arrivée des Français, on n'avait songé à
rien remettre en place, et les vins fins, les
drageoirs, les pâtisseries étaient encore sur les
tables avec l'argenterie et les cristaux. Tout fut
pillé, brisé, bouleversé.

Il ne faudrait pas croire cependant que ce
souverain manquât de prudence, et qu'il n'eût
fait aucun préparatif pour résister aux envahis-
seurs. Nous avons su que trois armées, comman-
dées par les généraux que je t'ai déjà désignés,
et fortes d'environ 250,000 hommes, étaient
échelonnées pour nous attendre, depuis la mer
Baltique, jusqu'à la Galicie. Lui-même s'en était
réservé le commandement en chef, mais sa
résolution sur le plan de défense à adopter, n'est
ou n'était pas encore définitivement prise. Il
savait bien qu'il aurait à lutter contre une
armée longtemps victorieuse et remplie du sen--
timent de sa supériorité, mais il avait ignoré
jusqu'au dernier moment qu'elle eut une force
numérique, double de la sienne. On dit qu'à

cette nouvelle il a pris le parti radical de se retirer en dévastant le pays jusque dans les provinces de la vieille Russie, afin de faire le vide devant nous, et de laisser au climat meurtrier de ces latitudes le soin de sa vengeance.

Voici la proclamation, pleine de modération et de sagesse qu'il adressait à son armée, à la date du 25 juin :

« Depuis longtemps nous avons remarqué, de la part de l'empereur des Français, des procédés hostiles envers la Russie ; mais nous avions toujours espéré les éloigner, par des moyens conciliants et pacifiques. Enfin, voyant le renouvellement continuel d'offenses évidentes, malgré notre désir de conserver la tranquillité, nous avons été contraints de compléter et de rassembler nos armées ; mais encore à ce moment nous nous flattions de parvenir à une réconciliation en restant aux frontières de notre empire, sans violer l'état de paix, et seulement prêts à nous défendre. Tous ces moyens conciliants et pacifiques, ne purent conserver le repos que nous désirions. L'empereur des Français, en attaquant subitement notre armée à Kowno, a le premier déclaré la guerre. Ainsi, voyant que rien ne peut le trouver accessible au désir de conserver la paix, il ne nous reste plus, en invoquant à notre secours le Tout-Puissant, témoin et défenseur de la vérité, qu'à opposer nos forces, aux forces de l'ennemi. Il n'est pas nécessaire de rappeler aux commandants, aux chefs de corps et aux soldats leur devoir et leur bravoure. Le sang des malheureux Slaves coule dans leurs veines. « Guerriers, vous défendez la religion, la patrie et la liberté! Je suis avec vous. Dieu est contre l'agresseur. »

L'empereur Napoléon nous avait aussi distribué une proclamation, datée du 22 du même mois. Elle parut à tout le monde emphatique, offensive et pleine d'audace. L'un s'appuyait sur la religion, l'autre sur la fatalité. Dieu seul sait de quel côté penchera la victoire, mais à coup sûr la justice n'est pas pour nous.

Nos premiers pas sur la rive orientale du Niémen ont été signalés par des désastres.

En quittant Kowno, les Russes avaient brûlé le point de la Vilia, petite rivière profonde qui traverse perpendiculairement une des routes sortant de la ville. Napoléon qui voulait lancer des troupes de ce côté, sans s'arrêter à l'obstacle matériel, et sans prendre le temps de faire jeter un nouveau pont, donna ordre à un escadron des Polonais de sa garde de traverser la rivière. Les malheureux n'hésitèrent pas. D'abord ils purent s'avancer en ordre, à travers les flots, mais bientôt le fond venant à manquer il fallut se jeter à la nage. Alors leurs chevaux s'étant effrayés, ils commencèrent à dériver, se désunirent, furent emportés par le courant, et, malgré des efforts surhumains, ils disparurent tous les uns après les autres dans les eaux noires de la rivière, en criant vive l'empereur! On en remarqua trois, surtout, qui, ayant encore la bouche hors de l'eau, répétèrent ce cri, et périrent aussitôt. Les spectateurs pleuraient d'horreur et d'admiration.

La route de Kowno à Wilna fut également une terrible épreuve pour plusieurs régiments. Une pluie torrentielle, qui dura cinq jours, inondait la terre et transformait le chemin en bourbiers. Les hommes après avoir marché tout le jour sous l'averse, ne trouvant aucun gîte pour s'abriter le soir, en étaient réduits à se coucher dans la boue sans pouvoir changer leurs vêtements mouillés, ni quitter leurs chaussures éculées. Les chevaux refusaient de marcher, n'ayant pour nourriture que quelques poignées d'orge vert arrachées des champs voisins; les caissons demeuraient embourbés, et souvent au réveil on les trouvait éventrés, brisés, pillés, comme si l'ennemi eut passé par là. Plus de dix mille cadavres, de bœufs, de chevaux, de mulets sont restés, dit-on, pour marquer la trace sinistre de notre passage, et aujourd'hui ils répandent une infection telle, que la route est devenue un foyer épidémique, et que tous ceux qui y passent sont pris de fièvre ou de dyssenterie. Il paraît même que le défaut d'approvisionnement et l'impossibilité de quitter les lignes d'opérations, pour aller se ravitailler dans les villages, a produit la famine dans quelques détachements, et que des soldats de la jeune garde sont morts de faim. Tu frémis, chère et excellente mère. Hélas! ce n'est que le commencement, car nous n'avons pas encore assisté à une bataille.

Notre entrée dans Wilna ne mérite point ce nom. C'est à peine si quelques coups de fusil ont été échangés. L'ennemi avait brûlé ses ponts, ses magasins, attelé ses canons, rangé en ordre ses troupes et tout fuyait dans la direction de Drissa. C'est presque inutilement, dit-on, que plusieurs corps, celui de Murat et de Ney entre autres, se sont efforcés de les poursuivre; ils n'ont eu que des combats d'escarmouches sans aucun résultat décisif.

L'empereur est resté plusieurs jours à Wilna et nous y a retenus. Il avait eu et manifesté le projet de ne pas pousser plus loin ses conquêtes de cette année : Mais on dit qu'il va y renoncer.

Pendant ce temps il reçoit des députations de Polonais auxquels il promet, assure-t-on, beaucoup de choses qu'il ne veut pas tenir. Il donne de nouvelles divisions, et nomme des gouverneurs aux pays que nous venons de parcourir, il fait fortifier les villes et créer des camps; il organise des transports par eau, qui doivent faire abonder ici sous peu de semaines, des vivres embarqués à Berlin et achetés au cœur do l'Allemagne.

Nous attendions depuis notre entrée ici une grande revue. Elle a eu lieu hier, 10 juillet, au milieu de circonstances pareilles à la première que j'ai passée, s'il t'en souvient, à Mayence. Le temps était chaud et calme, mais les nuages épais qui couvraient l'horizon, nous menaçaient d'un orage qui éclata, en effet, juste au moment où les trompettes donnaient à la grande armée le signal de l'arrivée de son chef. Le ciel s'obscurcit tout à coup, au point qu'on ne pouvait plus se reconnaître. Le vent se mit à mugir au milieu des éclairs et une forte grêle, lancée avec violence fit rompre les lignes et contreignît la plupart des cavaliers à mettre pied à terre pour n'être pas renversés. Les chevaux effrayés, cherchaient à s'enfuir et se ruaient les uns sur les autres. Nous fûmes en un instant inondés par des torrents de pluie. Si bien que la revue ne put être passée, et que Napoléon et son état-major furent obligés de rentrer en ville. Je n'ai jamais vu d'orage aussi épouvantable.

Cette grande revue était une revue de départ. Demain nous partons, mais l'empereur doit rester encore quelques jours pour achever de faire de Wilna une place française qui serve d'appui à nos opérations. Nous devons marcher du côté de Vitepsk. Je t'écrirai en route si je puis. En attendant je vous embrasse tous et vous recommande de ne pas vous tourmenter pour moi : J'ai deux bons amis qui ne me quittent point, le camarade Lustrac et mon excellent chien Mirault.

SIXIÈME LETTRE

Vitepsk, le 31 juillet 1812.

Chère bonne mère,

\otre armée à enfin rencontré l'ennemi, et un combat meurtrier vient d'avoir lieu. Néanmoins, je n'ai pas vu le feu, suivant l'expression militaire du mot, car je n'y étais pas. Cela demande quelques explications que voici :

L'armée s'est dispersée en quittant Wilna. D'après les renseignements fort incertains qu'on peut se procurer dans ce pays si vaste et si mal peuplé, une partie des troupes ennemies était à notre gauche en avant vers le camp de Drissa, une autre du côté de Borisof, en tirant vers les marais de la Bérézina, à notre droite. Ce dernier avait pour chef Bagration. A cette nouvelle, l'empereur jeta le maréchal Davoust de ce côté,

(76)

avec une puissante colonne, mais comme toute cette contrée est basse et qu'on ne peut s'y avancer que sur d'étroites chaussées, mal entretenues, il ne put parvenir malgré toute sa diligence à envelopper le général russe, comme il en avait le projet. Quant aux troupes ennemies cantonnées à notre gauche vers Drissa, sous les ordres du général Barclay, ce furent le prince Murat et le maréchal Ney qui reçurent ordre de l'attaquer. Mais ils le poursuivirent sans grand résultat, et la seule affaire qu'on cite est celle qui eut lieu au passage d'une petite rivière qu'on nomme la Disna.

Pendant ce temps Napoléon répandait parmi nous des bulletins que vos journaux reproduisent sans doute : « Le voilà donc, cet empire russe, de loin si redoutable ! C'est un désert où ses peuples dispersés sont insuffisants. Ils seront vaincus par son étendue qui devait les défendre. Ce sont des barbares ! à peine ont-ils des armes ! Point de recrues prêtes. Il faut plus de temps à Alexandre pour les rassembler qu'à nous pour arriver à Moscou. »

Les partisans russes de leur côté faisaient répandre, dans les maisons où nous logions, des proclamations qui nous étaient remises, mais qui ne séduisaient personne. C'étaient des excitations inutiles et maladroites à la désertion. Chacun sentait trop bien qu'à cette distance de notre patrie, nous ne pouvions échapper à la mort qu'en nous serrant les uns contre les autres.

A chaque journée de marche nous nous apercevions que le pays devenait de plus en plus sauvage, de plus en plus désert. La Russie fuyait vers le pôle. Les seigneurs désertant leurs châteaux de bois, s'en allaient avec leurs familles, leurs serfs et leurs troupeaux. Les bourgades elles-mêmes se vidaient souvent d'habitants à notre approche. Il ne restait que les juifs cosmopolites, insouciants de servir tel ou tel maître, mais que rien ne pouvait décider à abandonner leurs misérables demeures. On les reconnaissait à leur accent particulier, à la forme allongée et à la malpropreté légendaire de leurs vêtements, et surtout à la servilité perfide de leur langage, à leur habileté dans les transactions, à leur promptitude à tout trouver, à tout fournir de ce qui pouvait nous être nécessaire, pourvu qu'on consentît à leur payer trois fois la valeur de la marchandise.

Depuis le départ de Wilna, l'armée marchait

avec une telle précipitation que les vivres ne
tardèrent pas à manquer. A mesure que nous
avancions en pays ennemi, la position devenait
plus critique. On en arriva insensiblement au
pillage le plus effréné, que les chefs s'efforçaient
en vain d'empêcher, car ne vivant eux-mêmes
que de la part faite pour eux par les soldats, ils
étaient impuissants à réprimer les abus. Les
plus anciens se montraient les plus hardis et les
plus farouches. Ils arrivaient affamés près des
habitations et demandaient d'abord, mais soit
défaut de s'entendre, soit refus, soit impossibilité de les satisfaire, ils ne tardaient pas à
exiger, les armes à la main, tout ce qui se trouvait à leur convenance, et après avoir bouleversé
les cabanes et les châteaux, sans y trouver ce
qu'ils cherchaient, ils accusaient les habitants
d'être leurs ennemis, et se vengeaient des propriétaires sur les propriétés.

En Russie le voisinage des routes n'est pas,
comme dans les autres pays de l'Europe, plus
peuplé et mieux cultivé que l'intérieur des terres :
c'est souvent le contraire. La nécessité de nourrir
les chevaux, forçait d'aller chercher fort loin le
vert, et de faire accompagner les hommes de
corvée par des pelotons armés; celle de faire

subsister les hommes mettait dans la nécessité
d'envoyer des détachements à la maraude. Ces
détachements, obligés de s'enfoncer dans les
terres pour y trouver des villages neufs, éprou-
vaient de grandes fatigues et ne pouvaient remplir leur mission qu'avec d'extrêmes embarras.
Quelques-uns, au lieu de rejoindre leurs corps,
se choisissaient des chefs et se cantonnaient
dans les villages ou les châteaux, où ils se gar-
daient militairement. Les autres ne parvenaient
souvent à rejoindre qu'après plusieurs jours, et
après avoir conquis pour ainsi dire l'épée à la
main, les maigres provisions qu'ils pouvaient
rapporter à leurs camarades.

C'est dans ces conditions que nous arrivâmes
aux environs de Beszincoveczi. L'empereur
venait de nous y rejoindre quoique souffrant,
disait-on, car pour la première fois de sa vie, il
était obligé de voyager en voiture, lorsque le
25 juillet nous entendîmes retentir le canon. Les
anciens comprirent de suite qu'il allait y avoir
une bataille, et j'étais curieux comme les autres
de ce spectacle, depuis si longtemps attendu;
mais nous manquions de vivres plus que jamais
et le sort voulut qu'au lieu d'être commandée
pour marcher au feu, ma compagnie reçut ordre

d'aller chercher des blés en pays ennemi, et d'en trouver n'importe où. Notre capitaine était furieux, mais il n'y avait pas à regimber. Nous partîmes un soir, par une pluie torrentielle et chaude qui faisait sortir de la terre des exhalaisons méphitiques. Il régnait une nuit noire, et nous suivions un sentier à peine tracé à travers les bois de sapins. Au petit jour, nous atteignîmes un village défendu par un château bâti sur un roc escarpé. Il pleuvait toujours : Ce qui nous empêchait de voir et d'entendre. Arrivés sur la place de l'église, notre capitaine nous fit former les faisceaux, et envoya un sergent polonais qui entendait le Russe, pour parlementer avec le pope et les principaux de l'endroit, afin d'obtenir sans discussion ce que nous étions forcés d'exiger. Mais au lieu de recevoir une réponse favorable, notre petite troupe se vit tout à coup entourée par un escadron de cavalerie russe, qui formait l'arrière-garde d'un corps ennemi, et avait justement bivouaqué pendant la nuit dans ce village. Sans se déconcerter, notre officier cria : Aux armes. Chacun sauta sur son fusil et une mêlée assez chaude s'en suivit. Comme nous étions les plus nombreux et les mieux armés, la victoire ne tarda pas à se déclarer pour nous. Les Cosaques prirent la fuite sans paraître se soucier beaucoup des paysans qu'ils laissaient à notre merci. Mais redoutant une nouvelle surprise, le capitaine précipita si activement l'opération de notre ravitaillement, qu'au milieu de la débâcle, je tombai du haut d'une échelle en sortant d'un grenier, et me fis une entorse du pied gauche. Ce fut en vain que j'essayai de reprendre mon sac et mon fusil. Je ne pouvais mettre un pied devant l'autre. On me ramena sur un mulet à Beszincoviczi, et notre docteur me mit à l'hôpital.

Pendant notre absence la rencontre avait eu lieu, entre les éclaireurs de notre armée, et l'arrière-garde de l'armée russe qui fuyait devant nous. Les nôtres se savaient appuyés, car les colonnes de droite et de gauche avaient reçu ordre de nous y rejoindre, et on les attendait d'un moment à l'autre. Le prince Eugène, à la tête d'un fort détachement, s'empressa de faire rétablir le pont détruit de la Dwina, qui coupe en cet endroit la grande route, et se mit à sa poursuite avec un détachement de cavalerie.

Napoléon, qui arrivait en ce moment, ne put résister au désir de passer lui-même sur ce pont et de voir où en était l'armée russe. Il accompagna les éclaireurs pendant deux heures, mais il se convainquit que le gros des troupes du général Barclay, était hors de sa portée. Il rentra dans la ville assez mécontent. Il arriva en effet que le résultat de cette journée fut nul, ce qui n'empêcha pas de laisser sur le terrain un grand nombre de soldats. On les rapportait au moment où nous rentrions nous-mêmes. Il y en avait plus de mille, tant Russes que Français. Le docteur Larrey, qui était là, fut obligé de faire transformer les synagogues et les églises en ambulances pour nous y installer.

En même temps, tous les corps de la grande armée arrivaient par les routes du nord, du midi et de l'ouest. Les ordres de mouvement donnés par l'empereur, avaient été exécutés avec une si grande précision, que tous ces corps séparés depuis plus d'un mois, et revenant par des routes différentes, se trouvèrent à la fois réunis autour de leur général en chef, au même jour et à la même heure.

Le bourg de Beszincoviczi, offrit pendant cette soirée l'image d'une confusion et d'un tumulte extrêmes. L'infanterie, la cavalerie, l'artillerie, les bagages ne cessaient de le traverser, et s'y trouvaient quelquefois pêle-mêle, ce qui

donnait lieu à l'encombrement le plus tumul-
tueux. Les rues étaient obstruées d'estafettes, de
valets, de voitures, de chevaux de main, et de
pauvres soldats éclopés qui cherchaient leurs
gîtes ou le cantonnement de leur corps. Les
maisons étaient remplies par les états-majors et
toutes les cuisines transformées en auberge. On
faisait queue partout où se vendaient des
aliments ou des boissons, et pour passer à son
tour il fallait défendre son droit les armes à la
main. Ajoutez à cela le roulement des tambours,
le bruit des canons et des caissons qui défilaient
sans interruption, les ordres multipliés des
officiers cherchant en vain à rallier leurs hommes, et vous aurez une faible idée de l'anima-
tion qui régna pendant toute la soirée dans cette
pauvre bourgade. Enfin, vers minuit, toutes les
troupes s'étaient écoulées dans la direction de
Witepsk, et nos infirmiers fermèrent les portes
de l'hôpital, en annonçant un combat pour le
lendemain.

De Beszincoviczi à Witepsk, la route que j'ai
depuis lors parccurue en voiture, côtoie presque
la Dwina. Le pays est découvert jusqu'à Ostrowno,
ensuite, il se couvre de forêts sur un terrain
tournant qui arrête partout la vue.

Cette explication est nécessaire pour comprendre le fait d'armes signalé, qui couvrit de gloire le huitième régiment de hussards. Ces braves, ayant Murat à leur tête, poursuivaient l'arrière-garde ennemie, et suivaient une large allée de bouleaux, se croyant flanqués à droite et à gauche par deux autres régiments français, lorsqu'ils se trouvèrent en face des Russes. L'immobilité de ceux-ci les trompa à travers le brouillard. Ils crurent avoir affaire à des camarades et envoyèrent un officier pour les reconnaître. Leur illusion fut courte. En un instant l'officier fut sabré et le canon fit feu sur eux. Alors pleins de cette furie qui fait la gloire de l'armée française, ils s'élancent dans la direction du feu, se saisissent des pièces, culbutent le régiment qui les défend, puis un second, puis un troisième, et ne s'arrêtent qu'après avoir refoulé dans les bois la troupe entière des ennemis.

Mais ces bois étaient pleins de soldats russes commandés par le général Osterman. Un combat très-meurtrier s'engagea, et à mesure que de nouvelles troupes françaises débouchaient par la grande route, les bois vomissaient des bataillons d'ennemis. Lassés de vaincre, les français com-

mençaient à faiblir quand l'empereur parut.
D'un coup d'œil il étudia la position, précisa ses
ordres, lança les colonnes dans la direction que
chacune d'elles devait suivre, et avant le soir les
bois furent traversés de part en part, laissant
apercevoir la plaine et Witepsk dans le lointain.

Ceci se passait le 26. Dans la journée du 27,
toutes les troupes françaises descendirent dans la
plaine et purent apercevoir, sous la ville, les
tentes de l'armée russe, rangée sur la rive
droite de la Luczissa, avec le général Barclay à
sa tête. Il eut été possible, assure-t-on, d'arriver ce jour même avant midi, en face de lui,
et de le forcer à combattre. Napoléon préféra
prendre le temps nécessaire pour disposer favo-
rablement son armée, et faire reposer ses troupes
harassées par une longue marche. Il lui semblait
impossible que l'ennemi lui échappât. La journée se passa en marches, contre marches, et
combats d'avant-garde qui furent très-meur-
triers. Néanmoins, l'armée ne doutait point de
la victoire, et, soumise depuis longtemps à des
privations extrêmes, elle attendait impatiem-
ment l'occasion de mettre un terme à cette
guerre.

Pendant toute la soirée, les deux armées

n'ayant entre elles que des terrains vagues et la rivière de Luczissa, demeurèrent en présence comme dans les grandes guerres du moyen-âge. Napoléon attendait ses régiments qui n'arrivaient que l'un après l'autre, par des chemins difficiles, les plaçait, les passait en revue et les exhortait au combat. De son côté Barclay, qui n'avait avec lui que 80,000 hommes, comptait sur l'arrivée du général Bagration, auquel il avait donné ordre de venir le rejoindre avec son armée. Quand vint la nuit, Français et Russes bivouaquèrent en présence, et des deux côtés on alluma de grands feux pour éviter toute surprise.

La nuit se passa sans la moindre alerte, mais le 28, dès l'aurore, quelle ne fut pas la surprise de l'empereur quand on vint lui dire que l'ennemi avait disparu. Il monta à cheval, affirmant à ses généraux qu'ils se trompaient. Mais chaque pas détruisit son illusion, et il se trouva bientôt seul avec son escorte dans le camp que Barclay venait de quitter. Chose incroyable, ce départ s'était opéré avec tant d'ordre et avec un si grand silence, que personne parmi les Français ne s'en était aperçu, et que dans cette plaine couverte la veille de leurs légions, on ne trouva ni traînards, ni débris de voitures, pas une arme, pas un cheval, rien qui pût faire connaître par quelle route les Russes s'étaient retirés. Une nouvelle reçue le soir avait subitement changé les plans du vieux général, et il avait accompli sa résolution avec une science consommée.

La déception de notre armée n'eut d'égale que celle de notre empereur. Il lança de la cavalerie dans toutes les directions pour retrouver la trace des fuyards, mais sans aucun succès ; toutes les maisons de campagne du voisinage étaient vides et les habitants en fuite. Napoléon ne trouva point une vengeance suffisante dans l'occupation de Witepsk, qui était presque déserte et qui fut pillée et dévastée. Il appela autour de lui ses généraux, recueillit leurs avis, et, frappé de la nécessité de former des magasins, d'organiser des hôpitaux, et d'établir un nouveau point de départ, pour une ligne d'opérations qui s'allongeait d'une manière si effrayante, il détacha, dit-on, son épée et la posant brusquement sur les cartes dont sa table était couverte : « Je m'arrête ici, s'écria-t-il, la campagne de 1812 est finie ; celle de 1813 fera le reste. Plaise à Dieu qu'il ne revienne pas sur cette résolution. »

Adieu, chère mère. etc

SEPTIÈME LETTRE.

Smolensk, 28 août 1813.

Chère bonne mere,

Je terminais ma dernière lettre par une phrase d'espérance! Hélas! cette espérance était vaine.

Une immense explosion de joie avait éclaté parmi les troupes de toutes armes, à la nouvelle que l'empereur était résolu à s'arrêter à Witepsk pour y passer l'hiver, s'y organiser, et faire de cette place la base d'une nouvelle entreprise au printemps de l'année prochaine. On répétait partout ces paroles que chacun croyait avoir entendu de sa bouche : « La première campagne de Russie est finie, plantons ici nos aigles. Deux grands fleuves marquent notre position ; élevons des blockaus sur cette ligne : que l'intérieur

contienne les cantonnements et les magasins.
1813 nous verra à Moscou, 1814 à Pétersbourg.
La guerre de Russie est une guerre de trois
ans. »

Witepsk est en effet une ville facile à fortifier.
De ses maisons la vue plonge dans la Duna, ou
jusqu'au fond des précipices, dont ses murs
sont environnés. Un mois de travail devait
suffire à la rendre imprenable. C'est là que
devait s'établir le quartier-général. La gauche
de l'armée s'appuierait sur Riga, Dunabourg et
Polotsk. La droite serait défendue par les marais
de la Bérézina et la place de Bobruisk. On était
d'autant mieux autorisé à prêter l'oreille à ces
discours, que chaque matin, montant à cheval,
avec ses aides-de-camp, l'empereur semblait
prendre plaisir à parcourir la ville et ses environs, comme pour reconnaître les lieux qu'il
devait longtemps habiter. Il faisait déblayer les
places, approprier le théâtre, visitait les campements, les magasins, les fours, les hôpitaux,
s'informant du sort des blessés, distribuant du
vin aux factionnaires, invitant les chefs de service à s'organiser solidement, et répétant à
plusieurs reprises qu'il ne voulait pas faire la
folie de Charles XII.

Pendant ce temps la longue file des traînards et des malades rejoignait l'armée, les ambulances arrivaient et complétaient leur matériel, les chevaux prenaient le repos nécessaire, l'artillerie, les pontons, les vivres qui se traînaient encore dans les sables de la Lithuanie, reprenaient peu à peu leur place dans le camp.

Mais bientôt la dyssenterie parut. Trois mille hommes en quelques jours en furent atteints. On attribua cette épidémie au seigle que les troupes mangeaient en bouillie, au lieu de pain; car, il faut bien le dire, chère maman, notre ordinaire est fort maigre. Depuis plusieurs mois nous ne vivons guère que de maraude : non pas qu'on ait negligé les approvisionnements, mais parce qu'ils ne peuvent suivre notre marche rapide, ou que les formalités exigées par l'intendance, ne nous permettent pas de toucher des distributions régulières. Les moulins portatifs ont été perdus ou brûlés : le café, le vin, le sucre, la farine gisent de toutes parts, au pied des fourgons éventrés sur les grandes routes, mais font absolument défaut aux magasins où nous devons les prendre. On n'est pas plus heureux pour la nourriture des chevaux, et c'est à grand'peine qu'on se procure la paille indispensable, pour coucher les malades dans les vastes salles des monuments publics.

Tout paraissait décidé pour l'installation de nos quartiers d'hiver, lorsque l'empereur changea subitement de résolution. On dit que les personnages les plus influents de sa maison, le major-général Berthier, le grand écuyer de Caulaincourt, l'aide-de-camp Lobeau, le grand maréchal du palais Durac, le ministre d'Etat Daru, s'opposèrent énergiquement à une marche en avant, qui est regardée par tout le monde comme téméraire; mais l'empereur repoussa leurs observations avec humeur. L'ordre nous fut donné de quitter Witepsk, le 10 août. Napoléon se mit lui-même en route, le 13, en annonçant que les armées ennemies étaient réunies à Smolensk : qu'une grande bataille y serait livrée, et que la guerre se terminerait aussitôt.

Chemin faisant nous apprîmes quelques succès remportés par les corps détachés sur nos flancs, pour protéger la marche du gros de l'armée. Mac-Donald, Oudinot, Saint-Cyr, Colbert, Davoust, Régnier, avaient été assez heureux pour s'illustrer par de remarquables faits d'armes. Ces nouvelles, en pénétrant dans nos rangs, réchauffaient le zèle des vieux soldats et faisaient battre d'orgueil le cœur des recrues.

L'intervalle montueux et boisé qui sépare la Dwina du Borysthène (Dnieper), fut franchi en peu de jours. Ce fleuve mystérieux et sacré pour les anciens Moscovites, n'est qu'une rivière étroite qui coule entre des bords incultes. Il fut franchi facilement, entre Orsza et Krasnoé, sur plusieurs ponts bâtis à la hâte, en sorte que, le 14 août, toute l'armée se trouva en mesure de suivre presque sans obstacle la route qui conduit à Smolensk.

Le 15 août, dans l'après-midi, on découvrit Krasnoé, ville de bois, qu'un régiment russe voulut défendre. Nous étions pour leur résister 185,000 hommes, dont 32,000 de cavalerie. La garnison fit une retraite de lion, mais il resta sur le champ de bataille douze cents morts, mille prisonniers et huit pièces de canon. Le hasard voulut que ce jour de succès fut celui de la fête de Napoléon.

Smolensk était devant nous, à deux journées de marche. Cette ville qui n'est éloignée de Moscou que d'une centaine de lieues, et de cent soixante-dix de Saint-Pétersbourg, jouit en Russie d'une grande réputation, à cause des siéges nombreux qu'elle a soutenus. Elle est peuplée à peu près de 20,000 âmes, et occupe des deux côtés du Dnieper un espace assez considérable. Le fleuve coule à une grande profondeur, sous deux ponts bien établis. La partie de la ville, située sur la rive droite, est toute marchande. Celle de la rive opposée, plus particulièrement militaire, est fortifiée de hautes murailles, et défendue par vingt-neuf grosses tours, ainsi que par les accidents d'un terrain très-tourmenté; trois portes seulement y donnent entrée. La garnison était commandée par le général russe Doctorof, avec une vingtaine de mille hommes et une suffisante artillerie. Les généraux Barclay et Bagration, réunis dans le voisinage avec leurs deux armées, étaient en position de la protéger.

Le 16, notre troupe, échelonnée sur les deux rives du fleuve, se trouva en état d'envelopper la ville au premier signal qui serait donné. On raconte que dans la matinée, le maréchal Ney, qui, toujours en avant, observait le pays sur une hauteur protégée par de grands arbres, aperçut de l'autre côté du Dnieper des masses de soldats en mouvement. Il s'empressa d'aller prévenir l'empereur et l'ayant guidé lui-même

à travers les taillis jusqu'à son observatoire, il
lui montra dans un nuage de poussière, de longues rangées d'hommes, dont les casques et les
armes brillaient au soleil. Ces masses se mou-
vaient avec la rapidité de gens qui vont au pas
de charge, c'étaient Barclay et Bagration avec
leurs armées, qui se hâtaient de prévenir l'occupation de la ville, par nos troupes.

A cette vue, Napoléon fut transporté de joie :
« Enfin, je les tiens! » s'écria-t-il en frappant
des mains. Il n'en fallait plus douter. Cette
bataille tant désirée, allait enfin être livrée sous
les murs de Smolensk. L'heure décisive du sort
de la Russie allait sonner.

Aussitôt les officiers d'ordonnances parcourent
nos rangs, porteurs d'ordres minutieux. On
place chaque corps, chaque régiment. La cavalerie dans la plaine, l'artillerie en avant, près
de la place, l'infanterie sur les hauteurs. On
laisse comme à dessein, une vaste place vide
pour servir de champ de bataille. Les généraux
Davoust, Ney, Lobeau, Murat, sont à la tête de
leurs divisions et brûlent d'impatience. L'empereur passe, le visage froid, mais l'œil brillant,
sur son cheval de bataille, et est acclamé par

deux cent mille voix. L'odeur de la poudre nous
enivre.

Une partie de la journée se passa ainsi sous les
armes. Nous avions l'estomac vide, et trouvions
le temps fort long : d'autant plus que cette
position immobile fatigue beaucoup le soldat, et
ne le prépare point comme il conviendrait aux
difficultés imprévues de l'attaque. Enfin, le
signal fut donné, et ne voyant pas paraître
l'ennemi, on nous lança contre la ville. Les
glacis, les chemins couverts, les fossés furent
franchis en un instant. Les hautes murailles
nous arrêtèrent.

En ce qui me concerne, je considère que c'est
à Smolensk que j'ai fait mes premières armes.
Mais quel feu, grand Dieu! et quel combat terrible.

Nous avions devant nous des murailles de
vingt-cinq pieds de haut, munies de bastions, de
tours, de demi-lunes, et défendues par une artillerie redoutable. Nos premiers efforts nous por-
tèrent jusque dans les fossés, mais notre valeur
impétueuse vint se briser contre la solidité et la
hauteur des remparts. Après une heure de lutte
infructueuse, l'empereur fit approcher son artillerie pour les battre en brèche. Il se trouva que

les pièces étaient d'un calibre trop faible pour entamer cette masse de pierre.

Alors, on lança dans Smolensk des obus qui mirent le feu aux maisons. Ces édifices dont plusieurs étaient rapprochés de la muraille, ayant aussitôt pris feu, les soldats russes qui défendaient les bastions, se trouvèrent en un instant emprisonnés entre les flammes de l'incendie et le feu de l'armée française.

Notre régiment reçut à ce moment l'ordre de marcher en avant, à travers les broussailles qui entouraient les glacis, et de monter à l'escalade en nous servant de nos baïonnettes, comme d'échelle. A la voix de notre capitaine qui nous devançait, chacun de nous s'élance à la mort, sans la moindre hésitation; avec cette spontanéité qui fait réussir les entreprises les plus téméraires. Nous marchons à travers la mitraille en franchissant les corps de nos camarades qui nous ont précédé, et qui sont morts; tout à coup une formidable décharge d'artillerie nous couvre de fumée, et étend sur place un tiers de nos camarades; nous répondons par le cri de : « Vive l'empereur, » et au lieu de marcher nous courons vers ces murailles qui ne sont pas même ébréchées. Une seconde décharge se fait entendre. Je sens une violente douleur dans l'épaule gauche : mes yeux se troublent, mes pas chancellent, et je tombe.

A partir de ce moment, je ne sais plus ce qui s'est passé. Lorsque je revins à moi, la nuit était descendue sur la terre, et je gisais dans un ravin, entre les broussailles, au pied des murs de Smolensk. Tout était rentré dans le silence. Nos camarades étaient revenus dans leurs cantonnements pour y passer la nuit, et le feu de l'artillerie avait cessé. Les murailles de la ville formaient devant moi une zone obscure derrière laquelle on voyait les flammes s'élever en tourbillon au-dessus des édifices. Tout l'horizon était en feu. Les créneaux de la muraille et les clochers se distinguaient en reliefs, brillants sur l'obscurité de la nuit, et il en sortait comme des rayons lumineux, qui formaient de longues traînées sur le sol.

J'avais une balle dans l'épaule gauche qui me causait une vive douleur, et le sang se répandait sur ma poitrine, comme de l'eau chaude. Ma tête tournait. J'essayai de me redresser à l'aide de mon bras droit qui avait conservé ses mouvements, et m'appuyant contre une pierre, je vis les morts entassés jusqu'au

fond du ravin. Il y en avait des cent et des cent.
Les uns couchés sur le dos, le visage ensan-
glanté, les autres tombés sur la face, le sac au
dos, la main au fusil comme des grands-gardes
qui se dissimulent dans l'obscurité, et qui vont
se relever au premier signal, mais aucun ne
faisait le moindre mouvement. Je pensai que
tous étaient morts, et déjà glacés par le froid de
la nuit, et que j'allais mourir comme eux sans
que personne vînt me secourir, car la proximité
des murs et la menace du canon des remparts
devait empêcher les ambulances de s'approcher
jusqu'à nous.

Alors, songeant à la vie éternelle dans laquelle j'allais entrer, je me recueillis en moi-
même pour demander à Dieu pardon des fautes
de ma jeunesse, puis je pensai à toi, pauvre
chère mère, au chagrin que tu éprouverais en
apprenant ma mort, au désespoir de mon père.
aux larmes de celle que vous me destiniez pour
compagne. Toute mon enfance, toute ma vie
m'apparut comme dans un miroir. Je me croyais
près de toi dans ta chambre : j'en voyais les
rideaux, le lit, le clavecin et moi, tout petit sur
les genoux, comme quand tu m'apprenais à
balbutier mes premières prières, et mon père

rentrant tout crotté de ses longues tournées sur
son cheval merlin, et me prenant dans ses bras
pour me faire sauter devant le feu : et madame
de Cramaud toute en noir, et Marthe toute
frisée se promenant avec moi dans le jardin,
pendant que sa mère et toi, vous faisiez semblant de ne pas nous voir.

Un instant dans cette douce vision, j'oubliai
ma douleur, mais l'éclat soudain d'une fusée,
m'ayant rappelé à la réalité, je me remis à
penser que j'approchais de ma dernière heure,
que je mourais sans être secouru, et que lorsque
vous apprendriez ma mort, mon pauvre corps
serait déjà depuis bien longtemps anéanti. Je
vous voyais à genoux dans le fond de l'église,
priant pour moi, et Marthe aussi, bien triste,
bien désolée, et promettant à Dieu de ne jamais
m'oublier. Mon attendrissement était tel que
mes larmes coulaient comme des ruisseaux le
long de mes joues, et je sentais que cela me
faisait du bien de pleurer.

Une partie de la nuit se passe ainsi. Vers le
matin une petite pluie fine se mit à tomber, et
comme j'étais accablé de soif, j'en sentis un
grand soulagement, qui me permit de m'assoupir un peu : mais, je pense que mon sommeil

dura peu. Du moins en fus-je tiré d'une façon
bien touchante qui me rattacha à la vie. Je
sentis tout à coup près de moi quelque chose
qui marchait sans bruit, et le frôlement d'une
tête velue contre ma figure. J'ouvris les yeux,
c'était mon pauvre Mirault qui, ne me trouvant
plus à la compagnie, venait me chercher parmi
les morts, et déjà se mettait en devoir de lécher
le sang de mes mains.

Pauvre bête! je l'attirai vers moi, et appuyant
son gros museau brun contre mon visage, je
l'embrassai avec effusion.

Mirault se coucha un instant près de moi,
mais comme si une pensée inquiète l'eût poursuivi, il se releva presque aussitôt, et, poussant
un hurlement lugubre, il me quitta pour aller
flairer un à un tous les cadavres qui gisaient
dans le ravin. Dix minutes après il se mit
encore à hurler de la même manière. Alors j'entendis, dans le silence, une voix qui m'appelait :
« Marsac! Marsac! » C'était mon pauvre camarade Lustrac, blessé comme moi, que la pauvre
bête était allé découvrir à cinquante pas, dans
les broussailles. Il me passa devant les yeux un
éclair de joie, et, ne songeant plus à ma blessure, je me levai tout droit pour aller secourir

mon ami. Hélas! j'avais préjugé de mes forces. Avant que j'eusse fait un pas, je retombai évanoui.

Lorsque je revins à moi, j'étais dans un moulin, au bord du Dnieper, où l'on avait établi une ambulance provisoire. Mon épaule était déjà pansée, et mon bras, fortement maillotté contre mon corps, ne me causait qu'une douleur supportable. Il y avait là un très-grand nombre de blessés, pêle-mêle sur la paille. Les chirurgiens faisaient à la hâte les premiers pansements, et nous chargeaient sur des voitures pour aller nous installer dans les hôpitaux de Smolensk, que l'incendie avait épargnés.

J'appris alors que les Russes, après avoir retiré de Smolensk tout ce qu'elle contenait de vivres et de munitions, avaient mis le feu aux principaux quartiers, et, comme à Witepsk, s'étaient retirés silencieusement pendant la nuit, tandis que les Français, campés à une petite distance, ne songeaient qu'à la bataille décisive qu'ils préparaient pour le lendemain. Au petit jour quelques cavaliers de l'escorte de Davoust, ayant eu la curiosité de s'approcher des murailles et de l'escalader, avaient découvert que la ville était évacuée, et en avaient porté la nouvelle au

quartier impérial. C'est alors que les ambulances étaient venues nous ramasser.

Mon premier mouvement, en revenant à moi,
fut de rechercher Lustrac parmi les malheureux
étendus autour de moi. Mais il était impossible
de se reconnaître dans la cohue, au milieu des
chargements de voitures à malades qui se
faisaient sans discontinuer. Je vis arriver mon
tour avec une grande joie. On me fit avaler un
grand verre de vin chaud, et l'on me hissa sur
une voiture dans laquelle se trouvaient déjà sept
pauvres diables, blessés comme moi, les uns au
bras, les autres à la jambe, les autres à la tête ou
à la poitrine, et auxquels on avait appliqué à la
hâte un premier appareil.

Comme la voiture se mettait en marche,
j'entendis japper près de moi, et j'aperçus le
bon Mirault qui courait devant la voiture en
gambadant, et revenait vers elle avec les plus
vives démonstrations de joie. Je compris aussitôt
que Lustrac était déjà parti avec un autre convoi, et cela me donna du courage.

Nous fûmes bientôt à la porte de Smolensk.
L'entrée et les abords offraient le plus horrible
spectacle. On ne voyait à gauche et à droite que
des cadavres mutilés par l'artillerie, et couverts

de sang et de poussière. La perte des Russes était
immense, mais celle des Français était au moins
égale. On trouvait partout des morts dans les
fossés de la ville, les ravins des collines, sur le
bord du fleuve et au passage des ponts. Nos ambulances ramassèrent plus de six mille blessés,
et il fallut quinze des plus grands édifices de la
ville pour nous y installer.

La Providence voulut que la salle où je fus
conduit, fut justement celle où gisait mon pauvre camarade. Sa blessure était des plus graves.
Il avait eu la cuisse droite brisée et réduite en
bouillie par un boulet de canon, sans que la
peau fut déchirée. La rareté de cette blessure
avait attiré près de son lit plusieurs chirurgiens,
qui l'examinaient curieusement et lui faisaient
des questions auxquelles il répondait d'une voix
affaiblie.

Quand ils l'eurent bien regardé et interrogé,
celui qui paraissait être le chef, attira les autres
à l'écart du côté où j'étais couché moi-même, et
je l'entendis qui leur disait :

— Ce cas est désespéré, Messieurs; cependant
il y a une faible chance de salut dans la désarticulation de la cuisse, mais vous n'ignorez point
combien cette opération est grave. Si quelqu'un

de nous veut la tenter, je n'y mettrai point
obstacle.

Un grand jeune homme brun et maigre,
s'avança et dit :

— Si vous le voulez bien, monsieur le principal, je tenterai la désarticulation. Une chance
de salut suffit, lorsque la mort est certaine.

— Faites, Monsieur, dit le principal.

Aussitôt on prépara tout ce qui était nécessaire : grands couteaux, à simple et à double
tranchant, pinces-erignes, bistouris, éponges,
fils à ligature, linge à pansement, terrines d'eau
chaude, etc., etc. Tout cela était étalé sur de
grandes tables, et faisait peine à voir.

Je me glissai silencieusement vers mon pauvre ami, et lui serrai la main. Il me regarda
avec un triste sourire, et levant les yeux au
ciel : « C'est fini, » dit-il.

L'opération commença. On aurait entendu
tomber une épingle. Le grand jeune homme
brun passa un tablier et prit le couteau. Autour
de lui tous les autres, aides et médecins, épiant
son regard, lui passaient alternativement tout
ce qui était nécessaire, sur un simple geste, et
sans qu'il eut la peine de prononcer un mot. Le
médecin principal, les mains derrière le dos,

froid comme la glace, suivait attentivement l'opération, sans trahir sa pensée par le moindre signe. Le pauvre Lustrac faisait effort pour ne pas crier dans ses terribles tortures. L'opérateur était pâle, et tout à son travail.

Au bout d'une demi-heure, il poussa un grand soupir de satisfaction. — Voilà! dit-il en se tournant vers son chef. — C'est bien, répondit celui-ci, l'opération a été bonne, posez maintenant les appareils.

L'opérateur épongea les bords de la plaie, ramassa les fils des ligatures, plaça le linge fenêtré, puis les tampons de charpie, puis les compresses, puis les bandes, attacha le tout solidement, et finalement fit avaler au patient un grand verre d'un cordial puissant, qui ramena la couleur sur ses joues.

— Vous êtes libres, Messieurs, dit alors le principal, et vous, ajouta-t-il en se tournant vers un infirmier, dont le tablier était encore tout sanglant, allez chercher l'aumônier.

Je compris que tout espoir était perdu, et je me mis à prier silencieusement, en prenant dans les miennes, les mains de mon pauvre ami qui étaient déjà glacées.

L'aumônier vint. Au milieu du recueillement

de toute la salle, il entretint mon ami des
devoirs du chrétien, et des espérances de la vie
future, puis il lui administra les derniers sacre-
ments de l'Eglise : je fondais en larmes à côté
du lit. Résigné comme un saint, mais ayant
déjà perdu l'usage de la parole, le bon Lustrac
me serrait les mains, et sa figure calme exprimait la paix de celui qui meurt avec la conscience d'avoir accompli son devoir. Moi, je
songeais à ses pauvres parents, et aux parents
de tous ceux qui venaient de succomber dans
cette fatale journée.

Lustrac s'éteignit vers le soir : on l'enterra
tout habillé, comme il convient à ceux qui tombent les armes à la main, en combattant pour la
patrie.

Il ne me restait plus, sur cette terre lointaine,
d'autre ami que le pauvre Mirault.

J'avais pris l'ambulance en horreur, et je
songeais déjà, au bout de quinze jours, à rejoindre ma compagnie, lorsque hier le médecin en
chef de l'armée, ce même baron Larrey, pour
lequel mon père m'avait obtenu une lettre de
recommandation, vint visiter les locaux où nous
étions installés. Il mourait beaucoup de monde,
les choses les plus indispensables au soulage-

ment des soldats malades, manquaient dans les ambulances; des plaintes étaient parvenues jusqu'à l'empereur, qui envoyait son propre médecin et son ami, pour lui faire un rapport exact de la situation.

Le vieux docteur passa une revue minutieuse, s'arrêtant devant chaque malade, l'interrogeant, prenant des notes et donnant des ordres. Quand il arriva devant moi, il prit mon billet d'entrée, et relevant tout d'un coup ses yeux noirs et fixes : « Vous vous nommez Marsac? » me dit-il.

— Oui, Monsieur le baron.

— Il me semble que je vous ai déjà vu?

— J'ai eu l'honneur de vous remettre, à Mayence, une lettre de monsieur Dubois, qui était l'ami de mon père.

— Ah! bien! bien! avez-vous fait quelques études de médecine?

— J'accompagnais mon père dans ses visites avec l'intention de suivre un jour la même carrière.

— C'est bien, dit-il, venez me voir ce soir! J'y allai, et maintenant, chers parents, votre fils est presque un officier; car, on m'a revêtu des insignes de médecin, sous aide, avec un titre un tout à fait provisoire. Il est vrai et nécessairement momentané, mais qui me permettra, pendant quelques semaines ou quelques mois, peut-être jusqu'à la fin de la campagne, de ne plus porter mon sac, de voyager à cheval, de coucher dans un lit, quand il y en aura dans nos gîtes d'étapes, de vivre un peu moins mal que les soldats, et de rendre quelques services en pansant les blessés; mieux dans mes goûts et mes aptitudes que la douloureuse mission de tirer sur mes semblables, et d'enlever la vie à de pauvres diables que je ne connais pas, qui ne m'ont jamais rien fait, et qui n'ont d'autre tort que de s'appeler Russes, tandis que nous nous appelons Français.

J'ai déjà commencé mes nouvelles fonctions. J'y suis bien un peu novice, mais j'espère, par mon zèle, racheter mon inexpérience, et il ne dépendra pas de moi de mériter l'estime de mes chefs, et la reconnaissance des pauvres malades et blessés qui me seront confiés.

C'est dans ces bonnes résolutions, mes chers parents, que je prends congé de vous, en bénissant la bienheureuse blessure qui m'a valu une telle rencontre.

———

HUITIÈME LETTRE.

Borodirio, le 10 septembre 181*2*.

Chère et tendre mère,

Mon long séjour à l'hôpital m'a laissé si loin
derrière l'armée, que, pour donner un peu de
suite à mon récit, j'ai besoin de le reprendre au
moment où Napoléon quitta Smolensk.

C'était le 25 août, nos troupes avaient vainement poursuivi l'armée russe, pendant trois
jours dans toutes les directions. Les rencontres
partielles, qui avaient eu lieu, avaient donné
beaucoup de morts, mais aucun résultat militaire. Tous nos généraux étaient découragés, et
plusieurs n'avaient pas craint de faire entendre
à l'empereur combien l'armée était soucieuse de
l'avenir. « Les soldats se demandent, lui dit l'un
d'eux, dans quel but on leur a fait faire huit

cents lieues pour ne trouver que de l'eau marécageuse, la famine et des bivouacs sur des cendres. » L'empereur ne répondit que par les accents d'une violente colère, et le cœur brisé plus qu'il ne le voulait dire par la vue des décombres, à travers lesquels se traînaient nos blessés, et des monceaux de cendres où gisaient des squelettes humains calcinés par le feu, il donna l'ordre de marcher en avant.

C'était un mauvais moyen de ranimer l'ardeur d'une armée découragée par les privations, et ravagée par deux affreux fléaux, le typhus et la dyssenterie. Depuis longtemps le vin manquait : La bière et l'eau-de-vie devenaient rares, le pain, mal remplacé par de l'orge grillée ou du seigle vert, était l'objet d'un regret universel. La viande produite par l'abatage des bêtes surmenées et fiévreuses, inspirait le dégoût, et souvent faisait défaut. Non-seulement les hôpitaux étaient encombrés, mais sur toute la longueur de cette immense route, au bord des grands bois, au fond des ravins, on rencontrait partout des malheureux, épuisés de douleur et mourant de soif, qui n'avaient même plus la force de se traîner aux gîtes d'étapes où étaient établies les ambulances.

D'ailleurs les ambulances regorgeaient. Comme je l'ai dit. Quinze grands bâtiments sauvés du feu avaient été transformés en hôpitaux; mais, déjà à la seconde nuit, après la prise, tout manquait pour panser les blessés. Il fallait remplacer le linge par le papier et les parchemins der archives, et la charpie par de l'étoupe de bouleau. Les chirurgiens, sans repos ni trève, passaient, le jour et la nuit, le couteau à la main; et cependant, le dirai-je? Il s'est trouvé qu'au bout de trois jours, un hôpital de cent blessés n'avait encore reçu ni pansement, ni vivres, ni couvertures. Mais ces sujets sont trop navrants pour y arrêter son esprit : on en demeure anéanti et découragé.

On annonça bien haut que l'armée n'était plus qu'à quinze étapes de Moscou, et que dans cette capitale de la noblesse et du clergé russe, on trouverait en abondance des trésors suffisants pour faire la fortune de toute l'armée française, depuis les généraux jusqu'au dernier goujat. A ces paroles, cent cinquante mille hommes trouvent encore le courage de reprendre leur sac et leur fusil.

Cependant l'empereur Alexandre a soumis à une épreuve terrible, mais triomphante, le

patriotisme de son peuple. Non-seulement chacune des grandes villes a voté des subsides en
hommes et en argent, mais les nobles et les
bourgeois, les riches et les pauvres de tout l'empire, s'imposent spontanément les plus grands
sacrifices, pour réunir des troupes, des denrées
et des bestiaux. Pendant le séjour du czar à
Moscou, où des courriers venaient l'informer
tous les jours de la marche des Français et de
l'état de leurs approvisionnements, le synode,
de cette capitale adressa aux habitants une proclamation religieuse, pour les exhorter à secon-
der de tous leurs efforts le souverain, dans la
défense de la patrie. Comme la population s'in-
dignait de la prudente conduite du général
Barclay, en faisant entendre contre lui les
clameurs de Rome contre Fabius, Alexandre a
donné une double satisfaction à l'opinion publique, d'abord en mettant à la tête de l'armée le
général Koutousof, Russe d'origine, allié aux
principales familles du pays, et dont la gloire
n'avait point été ternie par les revers d'Austerlitz; ensuite en donnant pour gouverneur à
Moscou le comte Rotopchin, homme d'un caractère énergique, comme par sa haine contre les
révolutionnaires français.

En apprenant la promotion de Koutousof, Napoléon sentit renaître en lui l'espoir de combattre, enfin, en bataille rangée, cet ennemi qui fuyait toujours, et de forcer par la victoire l'empereur Alexandre à signer la paix.

Il donna aussitôt aux troupes l'ordre de hâter leur marche. Pour obéir, il fallut passer par les défilés de Valoutina, où quelques jours auparavant nos troupes avaient éprouvé une forte résistance, en poursuivant l'ennemi et où le brave général Gudin avait été tué. Le sol portait encore à chaque pas la trace du combat, et, entre les arbres brisés, les cadavres des Français et ceux des Russes gisaient pêle-mêle sur une terre sillonnée de boulets, et jonchée de débris d'armes et de membres épars. Ce sont là les trophées des champs de victoire.

La route serpentait dans une forêt sablonneuse, où, par un soleil ardent, les troupes ne pouvaient trouver même de l'eau bourbeuse à boire. Il devait laisser à l'artillerie et aux bagages les chemins frayés, et marcher à l'aventure sur trois larges colonnes. L'existence de l'armée, pendant ce trajet, fut un prodige, car on ne fit des distributions que sur le papier, et il fallait tout en marchant, sans trop s'éloigner de la route, car on était entouré d'ennemis, trouver dans le pillage et la maraude, assez de ressources pour faire vivre cent cinquante mille hommes.

L'armée française atteignit Dorogobuj, le 25 août. Ce jour-là même, les troupes russes quittaient la place, en allumant, derrière elles, l'incendie dans toutes les maisons qui auraient pu offrir quelques ressources. L'empereur passa la nuit dans le château, et laissa piller la ville que les habitants avaient abandonnée. Ce pillage ne donna aucun résultat.

Il fallut se remettre le lendemain à poursuivre l'ennemi. Mais sa retraite ne ressemblait aucunement à une fuite. C'était une marche très-méthodique, conforme à un plan arrêté d'avance. Les Russes nous précédaient en aussi bon ordre que nous-mêmes. Pendant toute la journée, leurs arrière-gardes retardaient notre marche, défendant chaque position l'une après l'autre, et se retirant seulement quand elles avaient gagné le temps qui leur était prescrit. Vers cinq heures du soir, la ténacité redoublait et avertissait que les fuyards avaient choisi une bonne position pour y passer la nuit, et dans laquelle il y aurait péril grave à les inquiéter. Ils s'établissaient alors de manière à ne laisser sous les armes que le moins possible de soldats, et à faire convenablement manger et reposer les autres.

Les nôtres, au contraire, obligés de s'établir où ils se trouvaient, sans provisions, sans abri, sans fourrages, étaient obligés de passer une partie de la nuit à errer dans l'obscurité, à la recherche des choses les plus indispensables à la vie : des fourrages, de l'eau, du bois, de la farine ou du pain. Souvent ils perdaient la trace de leurs bivouacs. Il fallait s'appeler, se chercher, s'égarer, et finalement se retrouver au lever du jour, à peine repus, et sans avoir dormi, en face d'un ennemi bien reposé, qui ne se retirait devant eux que pour les attirer dans un piége.

Ainsi furent traversées les vastes plaines du gouvernement de Wiasma. Cette contrée est fertile ; mais l'eau y est si rare que l'empereur lui-même dut plus d'une fois se contenter d'une bourbe liquide. L'entrée de Wiasma fut disputée sans grande énergie, et, quand nos troupes y pénétrèrent dans la journée du 29 août, la ville était déjà en feu. Ce fut une perte immense et vivement appréciée, car cette place sert d'entrepôt au commerce des deux Russies; et il y avait en particulier près de son bazar, des magasins très-considérables de farines destinées à la fabrication d'un pain d'épices très-estimé, qui auraient fourni de précieuses ressources au milieu de la disette générale.

Le 1er septembre on atteignit Gialz, ville située sur une rivière et très-commerçante. Les Russes qui l'occupaient furent culbutés avant d'avoir le temps d'incendier les magasins. On y trouva quelques provisions. Les troupes s'y régalèrent de gros choux et de lard, pendant les quelques jours de repos forcé qu'y occasionnèrent des pluies torrentielles.

On apprit alors que le nouveau général russe paraissait disposé à attendre l'armée française à une petite distance, en avant, sur la route de Moscou, qui n'était plus éloignée que de vingt-cinq lieues, et que les troupes ennemies se groupaient sur les hauteurs de Mosaik, protégées par la Moskowa. Aussitôt Napoléon, plein de joie, fit commencer les préparatifs nécessaires à une grande bataille.

L'armée, toujours partagée en trois colonnes, quitta Gialz, le 4 septembre, un peu reposée, et pleine d'ardeur par la nouvelle assurance d'un prochain engagement. Après trente-six heures de marche, elle arriva, le 5, sur le terrain, où devait se livrer le combat, en face des troupes russes si longtemps poursuivies.

Ce lieu est situé en avant du monastère fortifié de Kolotskoi, entre un bois au travers duquel file la vieille route de Moscou et la petite rivière de Calotcha, près de laquelle serpente la route nouvelle. On a devant soi quelques pitons propres à des ouvrages de guerre, et divers villages, tels que Doronino, Alezinski, Seménouskoé, Bodorino, puis une colline élevée, boisée et escarpée, derrière laquelle la Moskowa, coule et reçoit la Calotcha. Les villages occupaient une ligne d'une lieue au moins, leurs intervalles, entrecoupés de ravins et de bois, étaient couverts de tirailleurs ennemis. Partout, aux environs, les maisons isolées étaient détruites, les seigles gâtés, les prairies piétinées par les chevaux, le terrain remué pour des ouvrages. Nos troupes reconnurent aussitôt le champ de bataille que Kutusof préparait à la grande armée.

Les troupes n'étaient point encore en ligne quand Napoléon parut. Son visage s'éclaira en apercevant enfin l'ennemi disposé très-évidemment pour une grande action. Il pouvait être deux heures de l'après-midi, le temps était sombre et gris, une petite pluie fine très-froide tombait sans interruption. Nos hommes n'avaient ni pain, ni eau, ni bois, ni ustensiles de campement. Ils arrivaient silencieusement, chaque régiment, chaque brigade à son tour, et sans enthousiasme, mus par une stoïque obéissance, prenaient la position qui leur était indiquée. L'ennemi regardait et attendait.

Après avoir envisagé toute la contrée avec le coup d'œil des conquérants, et sans attendre le reste de son armée, l'empereur désigna, sur la droite du terrain qu'il avait devant lui, une redoute très-fortifiée, près du village de Semé-nouskoé, pour être enlevée sur-le-champ. Le corps de Poniatowski, la cavalerie de Murat et trois divisions du corps de Davoust, s'y précipitèrent. Ce fut un combat effrayant. Les Russes qui occupaient la place la disputèrent d'abord pied à pied, puis la reprirent, et trois fois revinrent à la charge jusqu'à la nuit; enfin le 61e s'y maintint, tout sanglant et à demi détruit. Ce point qui était l'avant-poste des Russes, devint alors le nôtre. C'était ce que voulait l'empereur. L'approche de la nuit fit cesser la fusillade, et les régiments qui arrivaient ne songèrent plus qu'à prendre leurs positions.

On raconte que l'un d'eux, trompé par l'obscurité, dépassa la première ligne, et alla donner au milieu des cuirassiers russes qui le hachèrent et lui prirent trois canons. Mais, sans perdre courage, les autres se pelotonnèrent, et, formant une masse hérissée de fer, présentèrent à l'ennemi une muraille si impénétrable qu'il ne put l'entamer, et les laissa regagner leur place de bataille.

La journée du 6, de part et d'autre, fut employée au repos, si l'on peut appeler de ce nom les préparatifs d'une bataille, qui, depuis si longtemps attendue, ne pouvait manquer d'être acharnée. Dès les premières lueurs, Napoléon était à cheval, et, de hauteur en hauteur, parcourait tout le front de l'armée ennemie, arrêtait son plan de bataille, et prenait les dispositions nécessaires à l'exécution de son dessein. Il voulut y revenir dans le milieu du jour, mais un coup de canon, tiré sur lui, vint lui faire comprendre à quoi il s'exposait, et le détermina à rentrer dans sa tente. Dans la soirée, il dicta une proclamation conçue en ces termes :

« Soldats, voilà la bataille que vous avez tant désirée. Désormais la victoire dépend de vous; elle nous est nécessaire; elle nous donnera l'abondance, de bons quartiers d'hiver, et un prompt retour dans la patrie. Conduisez-vous comme à Austerlitz, à Friedland, à Witepsk, à Smolensk, et que la postérité la plus reculée cite votre conduite dans cette journée. Que l'on dise de vous : Il était à cette grande bataille sous les murs de Moscou ! »

Pendant ce temps, le général russe appelait ses soldats à la prière, et, mettant sa confiance en la justice de Dieu, faisait parcourir les rangs de son armée par des popes portant les signes sacrés de la religion, et distribuant à ceux qui allaient combattre les bénédictions et les encouragements légitimes d'un peuple qui combat pour défendre le sol sacré de la patrie.

La nuit vint, mais sans apporter de repos ni de sommeil à l'empereur. A chaque instant, il lui semblait que l'armée russe allait s'évader du champ de bataille, et il envoyait estafette sur estafette, pour s'assurer qu'elle occupait encore ses positions; ou bien craignant que ses vieux soldats, accablés par des guerres sans cesse renouvelées, mal vêtus, mal nourris, dévorés par la fièvre et la dyssenterie, n'aient plus la force et l'ardeur que demande la victoire. Il interrogeait ses aides-de-camp et se faisait rendre compte des dispositions des troupes. L'instant d'après il appelle encore, et, la tête appuyée dans ses mains, s'écrie : « Qu'est-ce que la guerre? un métier de barbares où tout l'art consiste à être le plus fort sur un point donné. » Puis il demande à Rapp s'il croit à la victoire?— Oui, répond celui-ci, mais sanglante! » Et Napoléon de reprendre : « Je le sais : J'ai quatre-vingt mille hommes ; j'en perdrai vingt mille. »

Il cherche de nouveau à s'assoupir, mais la préoccupation, les fatigues des jours précédents, la fièvre d'une nuit glaciale en plein été, le consument. Il s'efforce en vain d'étancher la soif qui le dévore. Il lutte sans rémission contre une terrible attaque de dysurie, résultat naturel d'un travail excessif. Enfin, au petit jour, il s'informe du temps, et, apprenant que le ciel est clair, il s'écrie : « Nous aurons le soleil d'Austerlitz! » Et il sort de sa tente.

Depuis trois heures du matin les troupes étaient en mouvement, pour exécuter les manœuvres prescrites. L'empereur se plaça près de la redoute qui avait été enlevée la veille, donne ses dernières instructions, et la bataille commença au lever du soleil. Elle dura toute la journée du 7, de six heures du matin, à neuf heures du soir. Six cent mille combattants y furent engagés; ils laissèrent sur le champ de bataille 20,000 morts et 9,000 blessés.

Il ne m'appartient pas, chère mère, de te décrire cette lugubre journée : La stratégie n'est pas de mon ressort. Tout le monde s'accorde à dire que les soldats de la grande armée se sont conduits en héros. La bataille fut longue et languissante, par le refus obstiné de l'empereur de mettre sa garde en ligne, et ni l'entrain de la division Campans, ni l'audace de Ney et de Murat, qui enlèvent à la tête de leurs hommes de redoutables positions d'artillerie, ni les instances de Rapp, blessé, ne purent le faire revenir de cette résolution. Pendant que le canon et la fusillade grondaient de toutes parts, on le vit, sans enthousiasme, sans impatience, absorbé, et sourd aux avis, se promener au voisinage de la redoute, tantôt s'asseyant, tantôt cherchant à voir la bataille qui s'éloignait, et ne répondant que par un geste de résignation aux estafettes qui venaient lui annoncer la perte de ses meilleurs généraux.

Ce ne fut que vers le milieu du jour que l'artillerie française, ayant occupé les crêtes, put dissiper un peu l'infanterie russe, et ébranler l'admirable discipline de ces masses moscovites, qui se laissaient écraser sans autre mouvement que celui de leur chute, et se reformaient héroïquement à mesure que le feu en enlevait des pelotons entiers.

Pendant cette mêlée de géants, on peut dire que chez l'ennemi, comme chez nous, on se conduisit héroïquement, depuis le simple soldat jusqu'à cet admirable général Barclay, qui, de chef suprême, devenu simple divisionnaire, accepta un plan qu'il désapprouvait ; et, dans une bataille dont l'inutilité lui était notoire, se tint constamment à la tête de ses régiments, et donna l'exemple de l'ardeur la plus soutenue et de l'obéissance la plus méritoire.

Le résultat de la journée fut pour les Français une immense déception. Non-seulement on ne s'empara pas, comme on aurait pu le faire de l'armée russe, et peut être de la Russie entière ; mais ce fut à peine si le champ de bataille nous demeura.

Lorsque le jour fut tombé et les munitions épuisées, l'empereur, le visage altéré par la souffrance, sinon par l'émotion, monta à cheval avec effort et parcourut le champ de bataille, où les dernières balles russes sifflaient encore.

La vue du sang et du carnage parut lui faire une impression plus profonde que jamais. C'était un spectacle horrible, en effet, car la terre était littéralement couverte de morts ou de mourants, dont les cris, les prières et les blasphèmes, s'élevaient partout sur son passage. Des chevaux blessés erraient seuls au milieu de cette scène de destruction, et fuyaient d'épouvante aux derniers bruits de la mousqueterie. Il rentra dans sa tente, abattu par la tristesse et dévoré par la douleur. Quarante-trois de ses meilleurs généraux, et dix mille soldats avaient payé de leur sang une victoire incertaine.

La nuit fut terrible pour tous. Tandis que les Russes en bon ordre, et se félicitant de nous avoir anéantis, se retiraient sur Moscou, les Français, « soumis à de nouvelles privations, parce qu'ils n'avaient pu marauder depuis plusieurs jours, passèrent, au bivouac, une nuit cruelle, sans feu, au milieu des morts et des blessés. » Peu de batailles gagnées ont produit, sur les vainqueurs un effet aussi extraordinaire. Ils semblaient frappés de stupeur. Après avoir enduré tant de privations et de fatigues, pour forcer l'ennemi à en venir à un combat; après avoir combattu avec tant de valeur, ils n'apercevaient, pour résultat, qu'un massacre épouvantable, l'accroissement de leur misère et plus d'incertitude que jamais sur le sort qui leur était réservé.

Toute la nuit et la journée du lendemain furent employées à relever les blessés, et à les transporter au monastère de Kolotskoi, où les ambulances étaient établies. Le nombre en fut bientôt si considérable, et si peu en rapport avec les ressources dont disposait le baron Larrey, qu'on se dépêcha des exprès pour venir, en toute hâte, prendre les ambulances de Smolensk, et ramasser tout le personnel de santé dont on pourrait disposer. Mon bras allait mieux; je me suis fait inscrire, et me voilà bien novice et bien impressionné de passer mon temps au milieu du sang et des cadavres : Mais remerciant Dieu de m'avoir fait échapper à la mort, et de m'avoir mis dans une position où je puis rendre quelques services au plus malheureux de nos camarades.

Adieu, ma chère mère, etc...

NEUVIÈME LETTRE.

Moscou, le 20 septembre 1812.

Ma bonne et tendre mère,

Nous sommes au milieu du feu. Moscou brûle : bientôt il n'en restera que des cendres, et ce n'est pas le vainqueur qui, dans un moment d'ivresse coupable, a commis ce crime : Ce sont ses habitants, ses défenseurs, qui, par un patriotisme admirable peut-être, mais féroce, ont incendié leur capitale, pour ne pas la laisser tomber entre les mains des Français.

Moscou, aux coupoles dorées, qui resplendissait à la lumière du jour avec ses deux cent quatre-vingt-quinze églises, ses quinze cents châteaux, ses maisons ciselées et colorées, son Kremlin entouré de murailles et couvert de fer poli, ses élégantes villas de brique et de marbre,

entre lesquelles coule la Moskowa, cette émule
de Constantinople et de Venise, à laquelle il ne
manquait que le soleil du midi; cette capitale de
la vieille noblesse slave, ce musée des arts et
des richesses, de l'orient et de l'occident, ne sera
bientôt plus qu'un monceau de cendres.

Nos troupes avaient parcouru rapidement la
distance de Bodorino à Moscou. L'ennemi ne fit
un semblant de résistance, le 8 septembre, à
Mojaick, que pour donner le temps aux généraux d'organiser la retraite. En approchant de
cette petite ville, d'après les témoins oculaires,
Napoléon était encore plus triste et plus
absorbé que le jour de la grande bataille. Quelqu'un l'arrêta en lui montrant l'arrière-garde
russe, entre lui et la ville, et plus loin les feux
d'une armée de cinquante mille hommes. Ce
spectacle constatait l'insuffisance de sa victoire
et le peu de découragement de l'ennemi; il y
parut insensible.

Le lendemain 9, la ville n'était plus défendue,
et l'armée russe avait disparu. On y pénétra,
mais elle se trouva vide d'habitants. Il n'y restait que des blessés et des morts. Il fallut jeter
ces derniers par les fenêtres, pour se mettre à
l'abri de la pluie et du froid, qui, depuis la veille

NEUVIÈME LETTRE.

Moscou, le 20 septembre 1812.

Ma bonne et tendre mère,

Nous sommes au milieu du feu. Moscou brûle : bientôt il n'en restera que des cendres, et ce n'est pas le vainqueur qui, dans un moment d'ivresse coupable, a commis ce crime : Ce sont ses habitants, ses défenseurs, qui, par un patriotisme admirable peut-être, mais féroce, ont incendié leur capitale, pour ne pas la laisser tomber entre les mains des Français.

Moscou, aux coupoles dorées, qui resplendissait à la lumière du jour avec ses deux cent quatre-vingt-quinze églises, ses quinze cents châteaux, ses maisons ciselées et colorées, son Kremlin entouré de murailles et couvert de fer poli, ses élégantes villas de brique et de marbre, ne connais pas de spectacle pareil à celui que nous offrions, au milieu de ces malheureux, pressés du désir de les soulager, sans en trouver les moyens les plus élémentaires. Tout le long de la route, dans les maisons, dans les granges, dans les voitures, dans les fossés, souvent au milieu des champs, les malades se traînaient par groupes informes, poussés par la faim, et implorant d'une voix suppliante la charité des passants. Il y avait parmi eux des officiers, dont les uniformes resplendissaient d'or, et qui n'avaient pas un morceau de pain noir à manger. Ils tendaient la main, en pleurant, et nous montraient leurs plaies saignantes, dont plusieurs n'avaient pas encore été pansées, et qui, souillées de boue et de pourriture, leur causaient des douleurs intolérables. Tant que dura notre provision de linge nous descendîmes de cheval pour les panser; nos mouchoirs de poche furent ensuite mis en lambeaux. Mais tout nous manqua avant que nous fussions à la moitié de la route.

Ce fut le 14 septembre, à deux heures de l'après-midi, que par un soleil orné des diamants du pôle, les clochers et les dômes innombrables de Moscou nous apparurent dans le lointain.

Cette vue sembla rajeunir l'empereur, et rendre à l'armée la joyeuse humeur qui, depuis tant de mois, avait disparu. Un immense cri sortit de toutes les poitrines oppressées, et les régiments polonais se jetèrent spontanément à genoux, remerciant le Dieu des armées de les avoir conduits, par la victoire, dans la capitale de leur ennemi le plus acharné.

Hélas! que cette joie devait être de courte durée, et quelle amère déception nous réservait le destin, quand au lieu de cette ville magnifique où s'élevaient tant de palais, où étaient entassées tant de richesses, où circulaient tant de beaux équipages, où se donnaient tant de fêtes somptueuses, nous ne trouverions qu'un vaste brasier, soufflant sur nous la flamme et la fumée.

L'exemple funeste des incendies, allumés à notre approche, avait été donné à plusieurs reprises, depuis le commencement de la campagne, à Smolensk, à Viasma et ailleurs. Mais ces sacrifices, qui étaient calculés pour ameuter contre nous l'esprit public, et nous créer, sur toute la route suivie par l'armée, des ennemis irréconciliables, n'étaient en réalité que des pertes peu considérables.

L'abandon de ces maisons de bois, qu'une hache suffit pour reconstruire, n'entraînait point la perte de ce qu'elles contenaient. A l'aide de leurs animaux domestiques et de leurs chariots, les habitants faisaient, à notre approche, de véritables déménagements ; et les soldats, en se retirant, n'incendiaient pour la plupart que des maisons vides de peu de valeur. A Moscou, une pareille conduite était impossible. On n'emporte pas les richesses de toute une nation ; on ne déménage pas des rues entières de palais somptueux, dont le moindre meuble est un objet d'art ou de prix. Cependant, l'abandon total de Moscou se fit aussi facilement que celui du dernier village.

On pense généralement que c'est au prince Rotopschine, gouverneur de la ville, qu'il faut attribuer la pensée et l'exécution de ce plan terrible et grandiose. Tout porte à croire que tout en étant pénétré et exalté par son projet, il espéra jusqu'au moment de la bataille de Bodorino, que nos bulletins appellent de la *Moskowa*, en ajourner l'exécution. Ses bulletins, ses proclamations, indiquent une grande confiance dans les armes de Kutusof. « Si ces forces ne suffisent pas, écrivait-il, nous rassemblerons

mille d'entre nous, nous prendrons l'image de la
sainte Vierge, cent cinquante pièces de canon,
et nous marcherons nous-mêmes au-devant des
Français. »

Mais l'événement ne tarda pas à lui montrer,
d'une manière trop certaine, que toute pensée
de résistance était illusoire. Koutousof avait
effectué sa retraite dans la nuit qui suivit la
bataille de la Moskowa. Profitant de la lenteur
de Napoléon à le poursuivre, et secondé par la
résistance de Miloradowitz devant Mojaisk, il
put rétablir un ordre apparent dans ses troupes,
et arriva le 13 septembre à une demi-lieue de
Moscou. Ce jour même, il eut une entrevue avec
Rotopschine, et l'on assure que la destruction de
la ville, reconnue utile au salut de la patrie, fut
décidée entre eux ce jour-là.

Jusqu'à ce moment, les habitants de cette
immense cité avaient conservé une confiance
aveugle, dans les promesses de Koutousof. On
avait évacué, il est vrai, les archives, le trésor
impérial, les colléges, les pensions, beaucoup de
familles nobles s'étaient retirées dans leurs
terres ; mais les autres classes de la société, dont
la fortune était dans Moscou, n'avaient point
quitté leurs foyers. Ce ne fut que le 13, au soir,

que le voile fut déchiré, et que l'avenir se présenta dans toute son horreur.

Alors la foule immense et affolée se décida à fuir, et bientôt toutes les routes en furent couvertes. Rien ne peut donner une idée du tumulte qui se produisit en quelques instants. Au milieu des larmes, des cris, des adieux, on voyait les mères, entourées de leurs enfants, emportant chacune un paquet des objets les plus chers, ou les plus précieux, les maris portant, sur leurs épaules, leurs vieux parents, ou s'attelant eux-mêmes à des charrettes, pour arracher, au pillage, le fruit de leurs labeurs et de leurs économies. Les marchands empilant leurs provisions sur les voitures, et cherchant en vain des chevaux pour les traîner. Une nuée de traîneurs de soldats blessés, de gens du peuple avinés, armés de vieilles armes et poussant des cris de vengeance, ajoutaient encore au désordre. Enfin, le 14 au matin, le général russe traversa lui-même Moscou avec ses phalanges démoralisées, et, peu après, Rotopschine suivit la même route. Après avoir distribué, dans les maisons, des matières combustibles, ouvert les prisons, et répandu par la ville tous les malfaiteurs qu'elles contenaient, avec ordre d'attiser l'incendie, au signal qui leur en serait donné par les anciens agents de la police de la ville.

Dans la soirée du même jour, les Français se présentèrent aux portes de Moscou : elles étaient désertes. Chacun crut d'abord à une ruse de guerre. Murat, chargé de pénétrer le premier dans ses murs fut, pour ainsi dire, effrayé du silence. La vérité était si invraisemblable qu'il ne pouvait la soupçonner. Il n'avançait que pas à pas, après avoir envoyé des reconnaissances dans toutes les rues qui aboutissaient à celle qu'il suivait pour arriver au Kremlin, qui est, à la fois, un palais et une forteresse, situé sur une éminence au centre de la ville. Là, il rencontra un attroupement. Un mélange de gens du peuple et de soldats russes, au milieu desquels se trouvaient quelques voitures chargées de blessés et de bagages, obstruaient les approches du palais. A la vue des Français, ils éclatèrent en imprécations, et quelques coups de feu furent tirés ; mais il suffit d'une charge de cavalerie pour tout disperser. Le Kremlin se trouva vide, mais non démeublé. Le trône d'Alexandre était encore à sa place.

Napoléon n'entra qu'avec la nuit dans la ville. Son désappointement était inexprimable. Cependant, il nomma un gouverneur, un intendant de la province, et défendit, sous les peines les plus sévères, de piller les maisons et de molester ce qui y restait d'habitants, Russes ou étrangers. On nous campa sur les places et les avenues.

Cette nuit fut triste. Les rapports sinistres se succédaient. Il vint des Français, établis dans le pays pour le commerce et beaucoup d'étrangers, révéler unanimement les projets de destruction et les ordres donnés par Rotopschine à son départ. On apprit d'eux qu'il restait à peu près 20,000 sur 300,000 habitants, ramasis de marchands, de déserteurs, de malfaiteurs et de menu peuple. L'empereur, profondément ému, chercha vainement quelques repos.

Vers deux heures du matin, le feu éclata d'abord au bazar et à la Bourse, puis dans différents quartiers. L'empereur feignit de croire à un simple accident, donna des ordres pour combattre l'incendie, et, dès le matin du 15, se rendit au Kremlin, où il s'établit avec sa suite dans le palais des czars. La journée se passa sans trop d'alarmes. Les officiers se répandirent dans la ville. Chacun alla s'emparer d'une maison commode ou d'un palais somptueux, pensant y trouver un bien-être acheté par de si longues et de si excessives privations. Les incendiaires étaient cachés, on les croyait disparus.

Mais les ténèbres de la nuit les ramenèrent à leur hideuse besogne. A minuit, toute la ville était en feu, et les flammèches poussées par le vent arrivaient jusque sur le palais où reposait Napoléon. Un parc d'artillerie tout entier était dans les cours. L'élite de l'armée et son chef pouvaient périr par une étincelle. Cette nuit-là, les incendies s'allumèrent sur un si grand nombre de points, qu'il ne put rester de doute, dans l'esprit des plus incrédules, sur la véritable cause de ce désastre. Le 16 au matin, Moscou offrait le spectacle d'une mer de flammes agitées par les vents. On commença la chasse aux incendiaires. Beaucoup furent pris. Les soldats exaspérés en tuèrent quelques-uns sur place. D'autres, livrés aux commissions militaires, déclarèrent qu'ils avaient agi par ordre de leur gouverneur. Leurs cadavres furent attachés à des poteaux. On trouva des matières inflammables dans beaucoup de maisons, et des pétards dans les poêles et les cheminées, qui éclataient dès que nos soldats voulaient allumer du feu, pour leurs besoins.

Napoléon passa cette journée dans une agitation indescriptible. Son pas rapide, ses gestes véhéments, ses paroles saccadées, décelaient un trouble cruel. Vingt fois on le vit quitter, reprendre et quitter encore son travail, pour se précipiter aux fenêtres et contempler les progrès du désastre. Les vitres des croisées, sur lesquelles il s'appuie, sont déjà brûlantes; et le travail des balayeurs, placés sur les toits du palais, ne suffit pas pour écarter les flocons de feu qui y tombent. Au milieu du trouble général, le bruit se répand que le Kremlin est miné. L'empereur ne répond à cette alarme que par un sourire d'incrédulité. Mais bientôt l'incendie s'avance de toute part, les langues de la flamme lèchent les murailles de la forteresse sacrée. La nuit approche, le danger est imminent. On supplie l'empereur de fuir : il refuse. Enfin, un cri s'élève : le feu est au Kremlin. Napoléon cède et descend vers une poterne qui donnait sur la Moskowa, et à pied, à travers les poutres enflammées, sur une terre de feu, sous un ciel de feu, entre deux murailles de feu, il sort de la ville avec une petite escorte d'officiers de sa maison, et transporte son quartier-général dans le château de Petrouskoë, qui est situé à une lieue de Moscou.

Dans l'enceinte, et malgré les recommandations les plus sévères, le désordre suivit les progrès de l'incendie, et fut porté à son comble lorsqu'on sut que ce désastre était l'ouvrage des Russes. Le soldat, voyant ses espérances déçues, ne songea qu'à jouir du présent, ne connut plus de frein et se livra aux plus hideux excès. Un effroyable tumulte succéda à la solitude funèbre. On entendait à la fois le pétillement des flammes, les cris des animaux, les gémissements des blessés, les imprécations des gens ivres, disputant au feu une partie de sa proie, et se ruant sur ces richesses qu'il croyait avoir conquises. Le pillage et le feu marchaient de front. Pendant le jour, des tourbillons de fumée formaient un nuage épais qui obscurcissait le jour. Pendant la nuit, les flammes répandaient au loin une sombre lueur et éclairaient les plus terribles drames.

Ce fut surtout pendant la nuit du 18 au 19 septembre, que les effets du feu offrirent le plus saisissant spectacle. Le temps était beau et sec, les vents n'ayant cessé de régner depuis plusieurs jours. Pendant cette nuit, dont l'image effrayante restera toujours gravée dans mon souvenir, toute la cité était embrasée : des gerbes épaisses de flammes et de fumée s'élevaient de toute part jusqu'aux nues, et couvraient en entier l'horizon portant au loin la lumière et la chaleur. Ces gerbes de feu, projetées dans tous les sens par la violence du vent, étaient accompagnées d'un sifflement aigu, et, parfois de détonations foudroyantes, quand l'incendie atteignait des dépôts de poudre, d'huiles ou de spiritueux. Les plaques de tôle vernissée, qui servaient de toiture aux édifices, chauffées et tordues par le feu, se détachaient brusquement, et tombaient comme une pluie d'airain brûlant. Des lattes et des chevrons, emportés par l'ouragan, traversaient l'espace et allaient allumer de nouveaux brasiers sur des points encore épargnés. L'épouvante et la terreur avaient frappé tout le monde. Des hommes, d'une figure atroce, couverte de lambeaux, et des femmes furieuses étaient vus errants dans les flammes comme les démons dans l'enfer. Ces misérables enivrés de vin et de haine ne daignaient plus se cacher ; ils parcouraient la ville embrasée comme un champ de triomphe. On les surprenait, la torche à la main, s'acharnant à propager l'incendie, et il fallait, pour leur faire lâcher prise, leur abattre les mains à coups de sabre.

Aujourd'hui 20, ils ont disparu. L'incendie semble se calmer un peu ; les corneilles, qui habitaient les clochers et que le feu avait chassées, reparaissent autour de leurs asiles accoutumés. L'empereur est rentré au Kremlin qu'on est parvenu à soustraire aux flammes, et nous avons fini par trouver des locaux assez bien abrités pour y installer nos malades.

Bien à la hâte, au milieu de tout ce tumulte, chère mère, il me reste à peine le temps de t'embrasser, etc...

DIXIÈME LETTRE.

Moscou, le 1er octobre 1812.

Chère bonne mère,

Le feu a duré huit jours. Enfin, le voilà éteint, ou à peu près. C'est vainement qu'on chercherait aujourd'hui la trace de l'ancienne division de la ville, ou quartiers des Grecs, des Chinois, des Français, des Allemands, etc. Cette immense cité, qui s'étendait sur les deux rives de la Moskowa et avait neuf lieues de circonférence, était moins peuplée que son étendue semblait l'indiquer, et contenait de vastes jardins et même des prairies ; mais l'hiver on y comptait cependant plus de 300,000 habitants. Les églises et les édifices publics y étaient très-nombreux, très-variés d'architecture et d'une ornementation très-riche, ce qui lui donnait un aspect des plus pittoresques. L'œil s'arrêtait surtout, avec surprise et admiration, sur le Kremlin, vaste citadelle triangulaire, fortifiée avec des précautions minutieuses, et dans laquelle se trouvaient le palais des czars, l'arsenal, la cathédrale, et la célèbre tour d'Ivan, surmontée d'une croix qui dominait la ville.

Par suite de la sévère consigne de ne laisser pénétrer dans le Kremlin que des militaires, cette partie de la ville resta intacte. Le concours actif et intéressé des troupes, la surveillance armée des marchands étrangers sur leurs demeures, et une pluie abondante qui recommença à tomber dans la nuit du 19 au 20, contribuèrent à faire la part du feu. On estime néanmoins que les neuf dixièmes des maisons ont disparu dans les flammes.

Vainement chercherait-on à se faire une idée du spectacle, que présentent actuellement les camps qui environnent la ville, et où croupissent, dans une stupeur muette, les soldats de la grande armée. On nous avait promis l'abondance, les richesses, le bien-être, un hiver de luxe et de plaisirs ; nous gisons sous une pluie froide, sur une terre détrempée. Les feux de bivouac sont entretenus par des meubles d'acajou.

par des portes dorées, nous sommes assis sur des
canapés de soie, enveloppés dans des châles de
cachemire, nous avons devant nous de la vaisselle ciselée d'argent; mais nos souliers sont
troués et nous n'en avons pas de rechange, nos
habits sont en haillons, le pain nous manque;
nous n'avons que de l'eau à boire, et nous
vivons de viande de cheval grillée à la hâte sur
les charbons.

Entre les camps et la ville, on ne rencontre
que des soldats traînant leur butin, ou poussant
devant eux les habitants chargés de leurs propres dépouilles : Des marchands de diverses
nations arrivent aussi, et viennent demander
protection au vainqueur pour eux et leurs biens.
On se montre généreux à condition qu'ils par-
tagent avec nous les provisions cachées dans les
caves.

Le pillage, d'abord sévèrement puni, est
devenu si général que les chefs sont obligés de
fermer les yeux. Il ne reste aux aigles que la
garde indispensable. Officiers et soldats passent
leur jour à la maraude, et fouillent sans merci
toutes les maisons inhabitées où le feu a cessé
de brûler, ou que l'incendie n'a pas atteintes.
Les rues en sont obstruées, les places en sont

couvertes. On les voit sortir, noirs de cendre et
de charbon par les portes effondrées, portant,
sur leurs épaules, des amas d'objets trop lourds
pour leurs forces qu'ils s'empressent de vendre,
d'échanger, et que souvent ils abandonnent
pour courir à de nouvelles découvertes. Au
milieu de richesses qui n'appartiennent plus à
personne, on se trouve placé dans une position
nouvelle où le bien et le mal sont confondus.
Le soldat pille par nécessité et vend une partie
de son butin pour se procurer des vivres. Les
officiers plus heureux inscrivent leur nom sur
les palais dont ils ont pris possession et jouis-
sent du bien-être qu'ils renferment, sans que
personne songe à leur disputer le droit de premier occupant.

Cependant, chaque jour, l'ordre se rétablit peu
à peu. Le gouverneur militaire pourra bientôt
exercer ses fonctions, et déjà on organise une
municipalité choisie parmi les étrangers restés
au milieu de nous. On s'occupe d'installer des
hôpitaux, pour l'immense quantité de blessés et
de malades qui suivent l'armée. L'hôpital
Galitzin, l'hôpital Paul, celui de l'Impératrice
sont restés intacts. Chose admirable, les médecins de ce dernier établissement, n'ont pas

voulu quitter leurs malades, et se sont exposés à
perdre la vie pour rester près d'eux. On évacue
dans leurs salles les blessés les plus dangereu-
sement atteints : on crée des ambulances sur
divers autres points.

Les magasins d'équipement et de vivres, qui
auraient pu nous être si utiles, ont été la proie
des flammes; mais, peu à peu, on découvre des
denrées alimentaires dans les caves des maisons,
notamment des viandes et du poisson salés, des
farines, de l'huile, du vin, du café, des légumes
et parfois des fourrures, des cuirs et des draps.
Les marchands étrangers qui avaient enfoui,
leurs approvisionnements de peur du pillage
les sortent de terre, à mesure qu'ils se croient
certains de trouver protection auprès du gouvernement militaire. On trouve également des
dépôts de munitions, mais les fourrages font
complètement défaut, et mettent dans la nécessité d'abattre les chevaux.

L'esprit du soldat français est ainsi fait, qu'il
se plie, avec une facilité merveilleuse, aux
situations les plus étranges. Nous sommes ici
depuis huit jours à peine, et déjà nous voici
installés comme si nous devions y passer l'hiver.
Les palais, épargnés par les flammes, sont

devenus des casernes; nos maigres chevaux logent dans des écuries de marbre, et les couvents dépeuplés de leurs hôtes ordinaires nous font de magnifiques hôpitaux, où nous traitons huit mille malades.

Chacun de nous s'est établi comme il a pu. Mon sort a été des plus heureux, car j'ai retrouvé mes amis, Lustrac et Mirault, que j'avais perdus depuis Smolensk, et nous sommes installés ensemble mieux que dans un palais, puisque nous avons trouvé l'hospitalité généreuse d'une famille française que mon énergique ami, avec son escouade, car il est sergent, est parvenu à sauver du feu et à protéger du pillage.

Nos hôtes se nomment monsieur et madame Allard. Ce sont des négociants de Paris, qui tenaient ici un dépôt de librairie et un magasin de musique. Ils n'ont qu'un seul enfant. L'installation de leur maison fait supposer qu'ils faisaient des affaires considérables; car rien n'y manque, et, chose inappréciable, en ce moment, ils ont dans leurs caves des cachettes mystérieuses pleines de vin, de conserves et de provisions de toute sorte, dont ils ont la bonté de nous faire profiter, en récompense du petit service que mon ami leur a rendu.

En causant avec ces estimables gens, nous nous sommes presque trouvés en pays de connaissance : car, madame Allard est d'Angoulème, et elle a des parents à Mézières, où mon père est souvent appelé par les devoirs de sa profession : ce sont des MM. Grateyrolles.

Grâce à ces nouveaux et excellents amis, nous avons la joie, Lustrac et moi, de coucher dans un bon lit, d'avoir une chambre bien close, et de manger de temps en temps de la cuisine de famille, loin du brouhaha des pensions militaires.

Nos hôtes nous font part de leurs craintes ; nous les rassurons, mais nous ne sommes pas plus éclairés qu'eux sur ce que nous ménage l'avenir. Nos chefs eux-mêmes sont fort anxieux. On sent bien que nous ne pouvons prolonger indéfiniment notre séjour ici, mais chacun se demande comment nous en sortirons. Quoi qu'il arrive, monsieur Allard veut quitter cette contrée et retourner en France, pour y placer en terres ses économies, et vivre à la campagne le reste de ses jours.

Il a reçu hier la visite d'un messager juif, avec lequel il a des relations d'affaires depuis longtemps, et qu'il regarde comme extrèmement

bonnête. Il lui a confié beaucoup de petits
objets précieux, de bijoux et de valeurs de commerce, pour les faire parvenir en France. Je
profite de la même occasion pour t'adresser
également une petite boîte qu'il m'a promis de
t'expédier de Paris par les messageries. Je serai
bien aise d'apprendre qu'elle t'est parvenue
sans accident.

Elle contient une croix grecque en or, enrichie
de pierreries, pour mon père, une *panagia* ou
portrait de la Vierge enfermé dans une sorte de
petite boîte en or, qui s'ouvre à deux battants
très-finement ciselés, avec dix ou douze jolies
pierres bleues qu'on dit avoir de la valeur :
enfin, un collier et une paire de boucles d'oreilles
ornés de diamants que je te prie d'offrir, de ma
part, à Marthe, si madame de Cramaud veut
bien le permettre. Ce sera mon présent de fian-
çailles. Tout cela est beaucoup plus beau que ce
que j'aurais pu lui offrir, si j'étais resté en
Limousin, mais cependant ce n'est pas du bien
mal acquis. Je l'ai reçu, en présent, d'une pauvre vieille dame infirme, qui, n'ayant pas de
parents, n'avait pas cru devoir fuir de Moscou
avant l'arrivée des Français, et que j'ai soignée
dans sa dernière maladie, après avoir contribué
à la sauver des flammes.

Je désire que ce petit envoi vous soit un témoignage, mes chers parents, de la tendresse que j'ai pour vous, et de la constance de ma pensée à ne pas vous quitter. Il ne se passe pas de jour sans que mon imagination se reporte plusieurs fois vers vous; et le jour le plus heureux de ma vie sera celui où je pourrai me trouver de nouveau au milieu de vous pour vous embrasser.

ONZIÈME LETTRE.

Moscou, 18 octobre 1812.

Ma pauvre mère,

Notre séjour à Moscou a duré trente-quatre jours : maintenant nous allons battre en retraite, paraît-il, d'après les bruits qui circulent dans la ville.

Cela ne me surprend qu'à moitié, après la lecture que je faisais, ces jours derniers, de la proclamation de l'empereur Alexandre à ses sujets. Elle est conçue en ces termes :

« Avec une douleur extrême et poignante pour chaque enfant de la patrie, vous avez appris que l'ennemi est entré à Moscou. Mais que le grand peuple russe n'en soit point abattu; qu'il redouble plutôt de persévérance et de courage pour rejeter sur l'ennemi les maux dont il veut l'accabler. Si Moscou est occupé par ses troupes, ce ce n'est point par suite de la destruction de nos armées. Le commandant en chef, de concert avec ses généraux, a jugé prudent de céder un instant à la nécessité. Il s'est replié, afin d'ajouter de nouvelles forces aux siennes, pour pouvoir ensuite tomber sur l'ennemi. Ainsi le triomphe passager du chef des Français le conduira à une destruction inévitable.

» Nous savons combien il est pénible pour un Russe, de voir le dévastateur de son pays possesseur de l'ancienne capitale de l'empire. Mais les remparts seuls en sont tombés dans ses mains. Abandonnée par ses habitants, privée de ses trésors, elle présente un tombeau plutôt qu'un lieu de repos au farouche agresseur qui voudrait s'y élever un nouveau trône, sur les ruines de notre empire.

» Cet orgueilleux dévastateur des royaumes espérait, en s'emparant de Moscou, devenir l'arbitre de nos destinées et nous dicter la paix. Son attente a été trompée. Il n'a trouvé dans Moscou ni moyens de domination, ni même aucun moyen d'existence. Nos forces, qui s'augmentent journellement, entourent la ville ; elles occupent toutes les routes et détruiront tous les détachements, que l'ennemi enverra pour chercher des vivres. Il se convaincra bientôt de l'erreur qu'il a commise, en croyant que la possession de Moscou le rendrait maître de l'empire, et la nécessité l'obligera enfin à fuir au travers des rangs de notre intrépide armée, pour échapper à la famine.

» Examinons son état : il est entré en Russie avec une armée de trois cent mille hommes, composée de différentes nations qui ne le servent point par attachement personnel, ni pour l'honneur de leur patrie, mais par crainte. L'effet désorganisateur de ce mélange de nations s'est déjà fait sentir. Une partie a été détruite par la valeur de nos soldats; l'autre par la désertion, les maladies et la faim : ses misérables restes sont à Moscou.

» L'orgueil de ce conquérant est sans doute augmenté par le succès de l'entreprise téméraire qui l'a porté au sein de l'empire, et par l'occupation de notre ancienne capitale; mais c'est la fin qui couronne l'œuvre. Il n'a point trouvé de pays où ses actions aient imprimé la terreur, où un seul Russe soit tombé à ses pieds. La Russie se presse autour du trône paternel de son souverain, qui étend sur elle le bras de son affection.

Elle n'est pas accoutumée au joug de l'oppression ; elle repoussera une domination étrangère ; elle ne se laissera point dépouiller de ses lois, de sa religion et de son indépendance ; elle est prête à verser tout son sang pour les défendre. Ce sentiment est ardent et universel ; il s'est manifesté par l'organisation prompte et volontaire du peuple, sous la bannière sacrée du patriotisme.

» Où pourrait être le motif d'une crainte déshonorante? Y a-t-il, dans l'empire, un homme assez lâche pour désespérer, lorsque tous les ordres de l'Etat respirent la vengeance ; lorsque l'ennemi privé de toutes ses ressources, et voyant journellement diminuer ses forces, se trouve au milieu d'une nation puissante, entouré par nos armées, dont l'une le menace de front, tandis que les trois interceptent ses secours et lui coupent la retraite? Cette situation peut-elle alarmer un vrai Russe? Lorsque l'Espagne a rompu ses fers et menacé l'intégrité de l'empire français ; lorsque la plus grande partie de l'Europe, dégradée et dépouillée par le chef des Français, le sert avec un cœur ulceré, et fixe ses regards sur nous, attendant avec impatience le signal de la délivrance ; lorsque là

France elle-même désire en vain la fin d'une guerre sanglante, dont le seul motif est une ambition démesurée; lorsque le monde entier opprimé voit en nous un exemple et un encouragement, pourrions-nous reculer devant une aussi honorable mission? Non! saluons plutôt la main qui nous choisit pour marcher à la tête des nations, dans la cause de la liberté et de la vertu.

» Les maux du genre humain sont poussés à leur comble. Il ne faut que jeter les yeux autour de nous pour voir les calamités de la guerre et les cruautés de l'ambition, dans toute leur horreur Nous les braverons dans le maintien de notre liberté et dans l'intérêt de l'humanité. Nous éprouverons le sentiment d'une bonne action, et un honneur immortel sera la récompense d'une nation, qui, en endurant les maux d'une guerre cruelle, en résistant avec constance et courage à celui qui le porte partout, obtiendra une paix honorable; non-seulement pour elle-même, mais aussi pour les malheureuses nations que le tyran a forcées de combattre pour sa querelle. Il est noble, il est digne d'un grand peuple de rendre le bien pour le mal.

» Dieu puissant! la cause pour laquelle nous

combattons, n'est-elle pas juste? jette un œil de
miséricorde sur ta sainte Eglise! conserve à ce
peuple son courage et sa constance! Puisse-t-il
triompher de son adversaire et du tien! Puisse-
t-il être dans tes mains l'instrument de sa destruction! et en se délivrant lui-même racheter la
liberté et l'indépendance des nations et des
rois. »

Ces paroles de l'empereur Alexandre ne répon-
daient que trop aux pensées que chacun de nous
mûrissait tristement dans son cœur. L'empereur
lui-même, sombre et soucieux. ne pouvait toujours cacher ses préoccupations.

C'était en vain qu'il donnait ordres sur ordres
pour mettre le Kremlin en état de défense, en
vain qu'il commandait des approvisionnements
de vivres pour six mois, en vain qu'il mandait
de Paris des troupes de comédiens. Nous sentions
chaque jour venir l'hiver, ce puissant hiver sur
lequel les Russes comptaient comme sur leur
allié le plus terrible, et le jour où l'on arracha
de la tour du grand Ivan, sa gigantesque croix
avec l'intention d'en orner, disait-on, au retour,
le dôme des Invalides, chacun de nous commençait déjà à secouer la tête, et à dire tout haut que
nous ne reverrions jamais notre patrie.

Au lieu de l'ordonnance sur les théâtres,
Bonaparte eut mieux fait alors d'écrire au sénat
conservateur, la lettre que, des bords du Pruth,
Pierre écrivait au sénat de Moscou : « Je vous
annonce que, trompé par de faux avis, et, sans
qu'il y ait de ma faute, je me trouve ici enfermé
dans mon camp par une armée quatre fois plus
forte que la mienne. S'il arrive que je sois pris,
vous n'avez plus à me considérer comme votre
czar et seigneur, ni à tenir compte d'aucun
ordre qui pourrait vous être porté de ma part,
quand même vous y reconnaîtriez ma propre
main. Si je dois périr, vous choisirez pour mon
successeur le plus digne d'entre vous. »

Cependant quelques indiscrétions vinrent nous
apprendre que, cédant aux sollicitations de son
entourage et de sa conscience, l'empereur avait
pris la résolution de provoquer, de la part de
l'ennemi, des ouvertures de paix. Le général
Lauriston, ancien ambassadeur en Russie, avant
la guerre, est parti le 4 octobre, porteur d'une
lettre autographe de Napoléon, pour Alexandre.
Les dernières paroles du vainqueur de Moscou,
ont été celles-ci : « Je veux la paix, il me faut
la paix, je la veux absolument; sauvez seulement les apparences. »

Lauriston devait se présenter à Kutusof, et obtenir de lui un sauf-conduit pour Saint-Pétersbourg. Il se présenta le 5 aux avant-postes de l'armée russe, et fut bien accueilli par son chef. Soit par ruse, soit de bonne foi, Kutusof trompa Napoléon en lui faisant espérer qu'il allait entrer en négociation pour traiter de la paix, aussitôt qu'il aurait reçu les instructions qu'il attendait de son maître. En réalité, cette négociation ne servit qu'à nous faire attendre, et à permettre à l'hiver de nous surprendre. — Qu'il soit permis à l'éditeur de cette lettre d'insérer ici la réponse d'Alexandre à Kutusof, on y verra combien les prévisions de l'armée étaient justes : « Prince Michel, le rapport que j'ai reçu de vous, m'a appris l'entrevue que vous avez eue avec l'aide-de-camp, général français, Lauriston. Les entretiens que j'ai eus avec vous au moment même de votre départ pour les armées confiées à vos soins, vous avaient instruit de mon désir ferme et absolu, d'éviter avec l'ennemi toute négociation et toute relation tendant à la paix. — Maintenant, après l'événement sus mentionné, je dois vous répéter avec la même résolution que je désire que ce principe soit observé par vous, dans toute sa rigueur, de la

manière la plus absolue. — Toutes les instructions que vous avez reçues de moi, doivent vous
convaincre que ma résolution est inébranlable,
et que dans ce moment aucune proposition de
l'ennemi ne pourrait m'engager à terminer la
guerre. »

Cependant Napoléon, avec une apparente confiance dans le résultat, attendait la réponse à sa
lettre. Mais son attitude ne trompait personne.
La difficulté d'approvisionner la grande armée
devenait de jour en jour plus grande. Les ressources trouvées dans Moscou étaient épuisées.
Il fallait aller chercher au loin les fourrages, les
grains et les bestiaux, et ces ailes de marandes
devenaient de véritables combats, par l'acharnement des paysans à défendre leurs biens
contre les agresseurs. Partout les Russes s'ar-
maient et s'organisaient. Ils entretenaient des
sentinelles, sur les clochers et sur les montagnes, pour épier l'approche des bandes françaises ; et le tocsin, annonçant leur approche,
faisait sortir des gens armés de toutes les
cabanes. La guerre était partout autour de nous,
et nous étions séparés de la patrie par une route
de 800 lieues, à peine gardée sur ses points
principaux, par de petits postes militaires,
établis dans des villes en cendres.

Si l'esprit des troupes campées dans Moscou était fort inquiet de l'avenir, celles qui avaient reçu mission d'écarter l'ennemi et de protéger les points environnants, étaient encore plus éprouvées et plus découragées. Divers petits corps, composés spécialement de cavalerie, avaient été confiés à Bessières, à Murat, à Poniatowski, à Ney, pour éloigner Kutusof du voisinage de Moscou, et permettre aux estafettes et aux fourrageurs de sortir et de rentrer dans la ville, sans courir risque d'être inquiétés à chaque instant. Mais ces instructions ne purent jamais être complètement exécutées, car l'ennemi se montrait presque toujours en forces suffisantes pour choisir et occuper à son gré le terrain le plus avantageux à ses mouvements.

Les corps d'armées détachés, confiés aux généraux Mac-Donald, Youk, Saint-Cyr, Legrand, de Wiede-Merle, Victor, avaient livré plusieurs combats importants et meurtriers sans en retirer de grands succès. et les nouvelles nous en arrivaient plutôt pour constater la résistance héroïque de nos soldats, que pour nous annoncer des victoires décisives pour notre destinée.

Le dépérissement journalier de la cavalerie, la

disette croissante des vivres et les approches de l'hiver si rigoureux, dans ces climats, faisaient naître l'inquiétude jusque dans les rangs inférieurs de l'armée. Chacun disait qu'il serait trop tard, en octobre, pour se mettre en route. Car, indépendamment de la difficulté de supporter le bivouac par des froids excessifs, comment nourrir les troupeaux quand la terre serait couverte de neige? comment voyager et emporter ce qui est nécessaire à la vie, s'il fallait suivre la route dévastée de Smolensk.

Quelques-uns croyaient qu'on passerait l'hiver à Moscou. Il paraît que cet avis fut émis, un jour, par Daru, dans ses entretiens avec l'empereur. « Il est trop tard pour écraser Kutusof et marcher sur Pétersbourg, lui aurait dit ce conseiller; l'armée russe est refaite; il faut transformer Moscou en un camp retranché et y passer l'hiver. Le pain ne manquera pas; on salera les chevaux qu'on ne pourra nourrir. Quant aux logements, si les maisons manquent, les caves y suffiront. Ainsi l'on pourra attendre qu'au printemps, nos renforts puissent nous dégager, s'unir à nous et achever la conquête. » — « Ceci est un conseil de lion, aurait répondu l'empereur. Mais la France ne s'accoutumerait pas à mon absence, et l'Autriche, ainsi que la Prusse, en profiteraient. »

Enfin, on annonce, ce matin, que le canon gronde du côté de Winkowo, que l'armée de Murat a été surprise et culbutée, sa gauche tournée, sa retraite coupée; que douze canons sont pris, deux généraux tués, trois ou quatre mille hommes perdus, et que l'empereur fait appeler autour de lui tous ses généraux.

Je cours chez mes amis leur faire part de ces nouvelles, je les trouve déjà prévenus et disposant tout pour la fuite. Les commerçants français et allemands, qui avaient des magasins à Moscou, sont unanimes à prendre la même résolution, car ils redoutent, non sans raison, la colère de la populace moscovite qui ne manquerait pas de les accuser des maux, dont cependant ils sont innocents, et dont la guerre seule est responsable.

Partout on ramasse les derniers chevaux; on charge les voitures et les fourgons; on y entasse des richesses, beaucoup trop de richesses, selon moi, et pas assez de vivres; car nous allons avoir à traverser une contrée, où une livre de pain vaudra quelquefois mieux qu'une livre d'or. Lustrac et moi donnons, à la hâte, à nos amis,

un coup de main et un encouragement; car le
tambour bat le rappel sur toutes les places et
dans toutes les rues, et les ordres les plus sévères
sont donnés, pour ne plus laisser sortir du camp
et des quartiers les hommes et les soldats qui y
entrent.

DOUZIÈME LETTRE.

Borousk, le 27 octobre 1812.

Chère mère bien-aimée,

Malgré les difficultés et les embarras sans nombre qui nous entourent, je commence à me bercer de l'espoir que je vous reverrai ; car nous avons quitté Moscou, le 19 octobre, et, désormais, chaque pas que nous ferons, nous rapprochera de la France.

Napoléon entré dans Moscou, avec 90,000 combattants et 20,000 malades, en est sorti avec plus de 100,000 soldats en état de porter les armes, et ne laisse que 1,200 malades dans les hôpitaux russes.

Suivant les diverses routes qui leur étaient assignées, les corps d'armée ont quitté leurs cantonnements et défilé pendant deux jours. C'était un spectacle inouï. A côté de cinq cents canons, de deux mille voitures d'artillerie, de trente mille chevaux, et d'une soixantaine de mille fantassins, à peu près, encore équipés et armés tant bien que mal, les routes étaient encombrées à perte de vue, de calèches, de voitures, de chariots, de chevaux de bât, de gens de tous les pays, de femmes, portant tous les costumes, traînant, portant, s'arrachant, au milieu d'un vacarme de cris et de coups, toutes les bizarres épaves d'un pillage désordonné, qui a duré un mois, dans la ville la plus vaste et la plus riche de l'empire russe. Ces malheureux, dans leur folle avidité, ne veulent rien laisser de ce qu'ils ont pu prendre, et entreprennent un voyage de huit cents lieues de marche, comme s'ils devaient arriver le soir au terme de leur ambition. La pluie qui ne cessait de tomber ajoutait encore à ce triste spectacle, et faisait ressembler les colonnes en marche, bien moins à une armée qui exécute une retraite, qu'à une horde de barbares qui passent chargés des dépouilles d'une peuplade anéantie.

J'ai aidé monsieur Allard à installer sa femme et sa fillette dans une bonne berline, attelée de quatre robustes chevaux. J'ai cru bien faire en leur conseillant de prendre avec eux aussi peu d'objets que possible, mais des fourrures, des comestibles, des bijoux et ce qu'ils avaient d'argent monnayé. Le sacrifice de tous leurs beaux meubles, de leurs riches magasins, de leurs vêtements, et de tant de jolies choses accumulées avec la pensée d'en orner, un jour, en France, la demeure choisie pour leur vieillesse, ne se fit point sans larmes, mais il se fit avec courage. Ne pouvant les accompagner. Car je restais avec l'arrière-garde du général Mortier, je leur ai donné pour défenseur mon ami Lustrac, et pour compagnon, mon pauvre vieux chien, Mirault, qui ne comprenait rien à tout ce déménagement et paraissait tout effaré. J'espère les rejoindre un peu plus loin ; mais il a paru plus convenable de les faire partir avec le gros de la caravane, où se trouvent également quelques autres familles de Français, établis à Moscou pour leurs affaires, fuyant aujourd'hui la haine des Russes que l'invasion à appelés sur leurs têtes.

Resté dans Moscou désert, avec les malades qu'il fallait trier pour l'évacuation ou pour le sacrifice, et les quatre ou cinq mille traînards qui portaient pompeusement le nom d'arrière-garde, je fus pris, dans cette triste soirée du

20 octobre, d'un abattement qui alla bientôt jusqu'aux larmes. Jamais je n'avais senti mon isolement avec tant de douleur; jamais je n'avais regretté avec tant d'amertume ces douces joies du foyer paternel, dont je suis séparé depuis si longtemps.

Après avoir vu partir mes amis, je revins seul vers leur maison vide. Je grelottais. Un infirmier, qui me sert d'ordonnance, me fit du feu et mit sur la table les restes du repas du départ. Tout cela était fort bon, délicat même; servi dans une riche vaisselle, avec du linge magnifique, et des meubles dont je demeurais seul maître. Mais je ne mangeai point. Les réflexions d'une amère philosophie m'envahissaient malgré moi. « Voilà donc, me disais-je, ce que c'est que le luxe. Voilà ce que sont ces richesses pour lesquelles on quitte sa patrie, ses amis, ses parents, pour lesquelles on passe ses jours dans une préoccupation continuelle, et qui exigent de ceux qui les cherchent, une vie entière de privations. La majeure partie de ceux qui les convoitent ne peuvent y atteindre, et, parmi les plus heureux, il suffit d'une révolution pour enlever à l'un le fruit de son long travail, ou d'une maladie pour empêcher l'autre de jouir de l'aisance qu'il a si chèrement achetée. Tous ces hommes qui se sont expatriés, pour venir ici tenter la fortune, avaient de l'énergie, du courage, de l'intelligence. Ils auraient pu, dans une modeste profession, atteindre paisiblement la vieillesse sans quitter le clocher de leur village, et couler une vie douce au milieu de leurs parents et de leurs amis. Au lieu de cela, ils ont voulu devenir plus riches que leurs compagnons d'enfance. Le désir de revenir un jour éclipser les autres, les a poussés à la recherche des aventures lointaines ; et aujourd'hui les voilà sans asile, sans appui, exposés, sur les grandes routes, à toutes les intempéries d'un hiver rigoureux, et réduits pour sauver leur vie à suivre les vicissitudes d'une armée qui bat en retraite. »

Cependant, à mesure que la grande armée était sortie de Moscou, les Russes pénétraient dans ses faubourgs, et leurs attroupements, à toutes les portes de la ville, nous faisaient clairement comprendre le danger que nous courions en y prolongeant notre séjour.

Un général russe, nommé Wintzingerode, enflammé de haine contre les Français, et exalté du désir de reprendre Moscou, a même voulu tenter une attaque à main armée, et, emporté

par son ardeur, est venu tomber au milieu de nos
avant-postes. Se voyant pris, il chercha à agir
de ruse, et se mit à agiter son mouchoir comme
un parlementaire. On le conduisit devant Mortier
qui, sans se laisser prendre à ses paroles, lui
répondit qu'il eut à rendre sur-le-champ son
épée, à quoi il se résigna de fort mauvaise
grâce.

Par ordre de l'empereur, l'arrière-garde ne
devait se retirer qu'en faisant sauter le palais
des czars épargné par l'incendie. Les soldats
passèrent deux jours à amonceler tout ce qui
restait de poudre dans les diverses parties du
Kremlin. Cent quatre-vingt-trois milliers furent
placés dans les voûtes qui soutenaient le palais.
Le maréchal coucha avec son escorte sur ce
volcan qu'un obus russe pouvait faire éclater.
Enfin, le 23 suivant, l'ordre reçu, ayant placé
dans un lieu sûr et secret, un artifice habilement
préparé pour ne communiquer le feu aux pou-
dres, que trois heures après notre départ, il nous
donna l'ordre de nous éloigner à la hâte de ce
lieu maudit.

Il était à peine une heure du matin, quand
notre colonne, comme un long serpent qui
traîne ses anneaux dans la fange, commença à

défiler sans peine à la faveur de la pluie et de l'obscurité. Indépendamment des bagages, nous conduisions avec nous un grand nombre de voitures qui n'avaient pu suivre l'armée à cause de son départ précipité, et sur lesquelles on avait forcé les propriétaires de charger quatre cents blessés. Malheureusement il en restait encore douze cents dans les hôpitaux que nous ne pûmes emmener.

Personne n'osa inquiéter notre convoi ; mais, à mesure que nous sortions d'un côté, on voyait arriver par toutes les poternes abandonnées, comme des loups couards et avides, des gens déguenillés, vil rebut de l'armée ennemie, attirés par l'odeur du pillage. Enhardis par le calme apparent qui régnait autour du Kremlin, ils s'y précipitèrent, dit-on, en grand nombre, et déjà leurs mains avides s'étendaient sur les richesses abandonnées, quand un bruit formidable éclata, lançant dans les airs les fondations du vieux palais et les chairs pantelantes de ces misérables. L'explosion fut si terrible qu'à dix lieues de là l'empereur l'entendit, et que les derniers de notre colonne purent voir tomber, autour de leur tête, cette pluie horrible de pierres, de tronçons d'armes et de membres mutilés.

Ce dégât, qui n'était justifié par aucun motif militaire, ne peut être considéré que comme une mesquine vengeance de Napoléon, irrité de n'avoir pu faire plier, sous son joug, la fierté de l'empereur Alexandre.

Pendant que Mortier abandonnait le Kremlin, avec l'arrière-garde de la grande armée, sa colonne principale marchait sur la route de Kalouga, et les premiers détachements de l'avant-garde atteignaient Jaroslawel qu'elle trouvait abandonnée, et où se préparait pour les nôtres une terrible journée.

Cette petite ville est bâtie sur le penchant d'une colline assez escarpée, au pied de laquelle coule la Luja, par delà la ville se trouve une plaine coupée de bois et percée de trois routes, dont l'une est celle de Kalouga. Le général Delzona, arrivé sur ce terrain vers le soir, n'avait pas jugé à propos de placer toute sa division dans la ville, au-delà d'une rivière et d'un défilé qui le séparaient des siens. Il avait fait occuper Jaroslof par deux bataillons, et était resté avec le reste sur la rive basse de la Luja. La nuit s'était passée sans incidents, quand vers quatre heures du matin les soldats de Kutusof, sortant des bois avec des cris épouvantables, se ruèrent sur les Français, en même temps que leur artillerie occupant les hauteurs autour de la ville, plongeait ses feux sur nos bataillons.

Au lieu de fuir abandonnant les avant-postes qu'il a placés dans la ville, Delzons ne songe qu'à les défendre, et gravit la route déjà couverte d'ennemis, et il entrait dans Jaroslawet quand une balle le frappa au front et l'étendit par terre. On vit alors son frère se jeter sur lui et enlever son cadavre de la mêlée, mais un nouveau coup de feu l'atteignit à son tour, et tous deux expirèrent ensemble.

Ce touchant spectacle jeta quelque trouble parmi les combattants. Cependant, ils s'emparèrent d'une église et d'un cimetière qu'ils se mirent à créneler, et d'où ils purent attendre quelque secours. Le prince Eugène avait été informé de leur détresse, mais il hésita longtemps à lancer ses troupes sur leurs traces à cause du feu de l'artillerie russe qui balayait tout le vallon de la Luja, et toute la longueur de la route qui monte du pont à la ville. Ce ne fut que vers dix heures du matin que l'empereur ayant entendu le bruit de la bataille du village de Ghorodnia, où il s'était arrêté dans une cabane de tisserand, délâbrée et infecte, ordonna qu'on marchât de ce côté. Une division d'Italiens, commandée par le général Pino, se signala dans cette attaque et à travers le feu et la fumée arriva jusqu'à la ville. L'artillerie suivit bientôt, écrasant les cadavres dont la route était jonchée; Jaroslof fut définitivement occupé, et la nuit put seule empêcher nos troupes excitées de poursuivre l'armée de Kutusof dans la plaine qui s'étend de l'autre côté de la ville. Faut-il dire que cette demi-victoire nous coûtait sept généraux et quatre mille hommes.

A nuit close, Napoléon accompagné de sa garde revint à Ghorodnia, dans la pauvre bicoque qui lui servait de demeure. Elle était sans volets et sans rideaux, si bien que les officiers restés en dehors purent pour ainsi dire assister au conseil qui se tenait autour de la carte étendue sur une table entre Berthier, Murat, Bessières et l'empereur. Celui-ci parlait haut, mais semblait atterré. Les autres baissaient la tête. Le sort de la grande armée devait sortir de cette conférence. Napoléon en sentait bien tout le poids, car on dit que, saisissant sa tête entre ses mains, les coudes appuyés sur la table et les yeux fixés sur la carte, il demeura plus d'une heure dans une méditation silencieuse, au bout de laquelle il congédia ses généraux sans rien décider,

Ce fut en vain que pendant cette nuit terrible,
il voulut prendre quelque repos. Comme à la
veille de Bodorino, il était tourmenté de la plus
douloureuse insomnie, se couchant, se relevant
sans cesse et trahissant l'agitation de son esprit
par celle de son corps.

Le lendemain 25, à deux heures du matin, il
envoya un de ses officiers d'ordonnance reconnaître les avant-postes de l'ennemi; puis, n'y
tenant plus, il monta lui-même à cheval au
point du jour, et suivi d'une petite escorte, il se
dirigea vers le pont de la Luja. Il y arrivait à
peine lorsqu'on entendit un grand bruit de chevaux sur la droite. L'empereur n'y prit pas
garde, mais tout à coup la plaine fut couverte de
Cosaques qui se précipitaient au galop sur lui.
A ce moment le général Rapp lui cria de fuir,
mais soit fierté, soit dédain, Napoléon dédaigna
ce conseil et mit l'épée à la main. Le grand
écuyer et les autres officiers de l'escorte l'imitè-
rent, et se hâtèrent de couvrir l'empereur de
leur corps. Les barbares arrivaient, comme un
ouragan, au galop de leurs chevaux; ils culbu-
tèrent tout, hommes et voitures. Dans ce moment
rien ne leur eut été plus facile que de saisir leur
ennemi. Le courage de quelques officiers le cou-

vrit d'abord, et la cavalerie de la garde qui accourait en toute hâte, mit les maraudeurs en déroute.

L'empereur, frappé d'étonnement de ce qu'on eut osé l'attaquer, s'arrêta un moment pour voir fuir ces redoutables et sauvages adversaires; puis, tout pensif, il passa le pont et monta à Jaroslawet, à travers les débris d'hommes et d'engins de guerre qui jonchaient le sol. Il trouva la ville en cendres, et les rues pleines de morts et de mourants. Après avoir, selon son habitude, examiné attentivement les lieux qui avaient été le théâtre du combat, il parcourut tout le plateau que l'armée russe avait occupé, et parut surpris de n'y plus voir leurs campements.

Quand il rentra à Ghorodnia, dans sa cabane, on s'attendait à un ordre de bataille générale pour le lendemain 26, car Kutusof avait conservé sa position à trois quarts de lieue de la ville. Mais la soirée et la nuit se passèrent sans aucun événement, et ce fut avec une surprise extrême que les généraux de sa suite reçurent l'ordre d'abandonner la route de Kalouga, pour rebrousser sur Borousk, et pour gagner Mojaik et Wiasma, tandis que l'armée russe, toute ébranlée du choc de l'avant-veille, se retirait vers le sud, abandonnant la route qu'elle avait voulu nous disputer.

L'escorte impériale est passée ici hier. Elle est aujourd'hui à Mojaïk. Comme une interminable procession, les régiments défilent avec leur artillerie, leurs bagages, leurs mêmes approvisionnements de vivres, leurs innombrables fourgons chargés des richesses de Moscou. C'est un pêle-mêle, un bruit, une cohue dont on ne peut se faire une idée.

Cette fois c'est bien la retraite, presque la déroute; chacun sent qu'il faut se hâter, car la disette menace et l'hiver est déjà venu. Au moment où je clos ma lettre, le thermomètre marque quatre degrés au-dessous de zéro.

Et, maintenant, adieu, chers bons parents.

Bredichino, 10 novembre 1812.

Ma bien chère mère,

Je ne crois pas qu'il y ait rien au monde de plus triste, pour un soldat, que de parcourir en fugitif les lieux où l'on a acheté la victoire de son sang, et de les trouver désolés par la guerre et par la mort, sans aucun profit pour personne.

Ce début t'indique que ma lettre d'aujourd'hui ne sera pas joyeuse. J'ai en effet l'âme toute navrée et le corps tout transi. C'est le sentiment qui domine parmi mes camarades, depuis que nous avons fui devant les Russes, et abandonné notre ligne de retraite, pour revenir sur la route désolée de Smolensk. Le 28, a commencé la débâcle.

« Le 29 septembre on toucha aux fatales collines de la Moskowa. De vastes boucheries se présentaient, étalant quarante mille cadavres diversement consommés. Des files de carcasses alignées semblaient garder encore la discipline militaire. Des squelettes détachés en avant sur quelques mamelons écrêtés, indiquaient les commandants et dominaient la mêlée des morts. Partout armes rompues, tambours défoncés, lambeaux de cuirasses et d'uniformes, étendards déchirés, dispersés entre des troncs d'arbres abattus par les boulets : c'était la grande route de la Moskowa.

» Au sein de la destruction immobile, on apercevait une chose en mouvement : un soldat français privé des deux pieds, se frayait un passage dans des cimetières qui semblaient avoir rejeté leurs entrailles au-dehors. Le corps d'un cheval effondré par un obus, avait servi de guérite à ce soldat. Il y vécut en rongeant sa loge de chair. Les viandes putréfiées des morts, à la portée de sa main, lui tenaient lieu de charpie pour panser ses plaies et d'amadou pour emmaillotter ses os. L'effrayant remords de la gloire se traînait vers Napoléon. »

Il y avait cinquante-deux jours que nos plus

vigoureuses troupes étaient tombées là, et personne n'avait songé à la sépulture des héros. Je m'attendais à entendre de justes récriminations. J'ai été surpris de voir partout le soldat attristé, morne, marcher devant lui sans prendre à peine le temps de jeter un dernier regard sur des lieux si pleins de souvenirs.

Ce jour-là, pour la première fois, la terre se couvrit de neige. Le ciel voulait-il étendre le manteau de la pudeur, sur tous ces débris humains que leurs frères abandonnaient à la voracité des loups et des corbeaux.

Vers le soir, nous atteignîmes la grande abbaye de Kolotskoi, où Larrey avait installé les ambulances, après la journée de la Moskowa. Le spectacle qu'elle offrait était plus triste encore que celui du champ de bataille. Il y avait là environ 1,200 blessés, de ceux qu'on n'avait pu évacuer à cause de la gravité de leurs blessures et que la force de leur constitution avait empêchés de mourir. Mais la mort y poursuivait ses victimes avec un insatiable acharnement, car tout manquait pour les secourir, et les médecins désarmés ne pouvaient leur donner que des soins insuffisants. Sans pain, sans linge, n'ayant que de la paille, de la farine et de l'eau, ces malheu-

reux ressemblaient à des cadavres ambulants.
Cependant, en voyant leurs compagnons d'armes
quitter pour toujours ces parages, les malheureux comprirent le sort qui leur était réservé, et,
se traînant sur la route, ils suppliaient les passants de les secourir. L'empereur donna ordre de
prendre au moins l'un d'eux sur chaque voiture;
les chirurgiens se joignirent à nous, et il ne
resta, dans le monastère qu'un très-petit nombre de Français, au milieu de nombreux blessés
russes et de quelques médecins de leur nation.

La nuit qui suivit fut très-dure. On trouvait
difficilement à s'abriter; et il fallait pour combattre le froid, brûler les planches des maisons
et les voitures, dont les chevaux en très-grand
nombre étaient morts dans la journée. Ajoutez
que les vivres manquaient. Les soldats n'avaient
pas reçu de distribution, depuis leur départ de
Moscou, c'est-à-dire depuis douze jours. Les
parcs de bestiaux, que quelques corps privilégiés
avaient pu, à force d'audace, se procurer par la
maraude, pendant notre séjour dans cette ville,
étaient épuisés. On en était réduit à griller, à la
hâte, quelques morceaux de cheval, que l'on
dévorait tous saignants. Enfin, l'espoir de trouver des magasins de vivres à Viasma, nous

contenait, et nous n'en étions qu'à deux étapes.

Mais la route nous ménageait de terribles surprises. La première fut de trouver sur tout son parcours, jusqu'à Gatz, les bornes marquées par des têtes de Russes, nouvellement coupées, avec la cervelle sanglante répandue autour. On s'émut de cette cruauté; et nous apprîmes quo c'était la manière dont les soldats polonais et espagnols, chargés de l'escorte des prisonniers, avaient trouvé commode de se débarrasser de ceux qui ne pouvaient suivre. Il paraît que l'ennemi avait refusé de les échanger, et que les relâcher eût été dangereux.

Chose encore plus épouvantable, à mesure que les ambulances de l'arrière-garde avançaient, elles étaient frappées de voir, dans les fossés de la route, des blessés français, en grand nombre, recueillis la veille à Kolotskoi, et étendus morts dans les positions les plus diverses et les moins respectueuses pour leurs dépouilles. Nous eûmes enfin l'explication de cette coïncidence. De misérables vivandiers qui suivaient l'armée, avec des voitures pleines du butin de Moscou, profitant du tumulte, s'étaient débarrassés de cette manière des blessés, qu'ils avaient

reçu ordre de charger sur leurs voitures. Un
seul survécut assez pour être recueilli par nous :
c'était un général. Il fit connaître les auteurs du
crime qui furent sévèrement punis.

L'empereur arriva, le 31 octobre, à Viasma,
où les autres corps avaient ordre de se concen-
trer près de lui. On remarqua que pendant cette
journée, pour la première fois depuis son départ
de Moscou, il avait voyagé en voiture, et qu'il
avait quitté son costume légendaire pour revêtir
un bonnet de peau de martre, une pelisse doublée
de fourrure et des bottes également fourrées, à
la manière des Polonais, s'infligeant ainsi de
partager les fatigues de ses soldats, comme le
faisaient les anciens conquérants.

Nous marchions fort difficilement. Les colonnes, qui nous précédaient, avaient dévasté le
pays complètement, et brûlé toutes les maisons
pour alimenter les feux de bivouac. Le chemin
était couvert d'un givre battu et miroité par les
pas de tous ceux qui nous précédaient : Les
ponts étaient rompus, et la foule des traînards,
des vivandiers et de tous ces gens, non classés,
qui vivent du soldat, encombrait notre route.

L'espoir d'atteindre enfin Viasma, et d'y
trouver quelques ressources contre le froid, dans

de nouvelles distributions de vêtements; et contre la faim, dans les magasins de vivres qu'on y croyait réunis, nous soutenait, et nous donnait le courage de marcher, lorsqu'un événement inattendu vint nous exposer encore à de nouveaux dangers.

Les généraux, Eugène et Davoust, chargés de protéger l'arrière-garde, furent surpris, le 3 novembre, par deux corps de cavalerie russe, qui avaient à leur tête les généraux Platof et Miloradowitz. Le combat fut terrible et désastreux, surtout à cause du désordre des combattants et du manque d'artillerie. Nous étions enveloppés au milieu des combattants, et nos ambulances coururent le plus grand danger. Enfin, la nuit et une fatigue mutuelle firent cesser le feu. On arriva haletant dans Viasma, après avoir perdu quatre mille hommes, beaucoup de bagages et plusieurs milliers de prisonniers.

Notre déception fut immense en entrant dans cette ville. Elle ne contenait que des ruines. Les quelques maisons restées debout étaient pleines de blessés, qui attendaient de nous des secours plutôt qu'ils ne pouvaient nous en donner.

On laissa deux ou trois jours aux divers corps

pour se reconnaître et se reformer. Les revues passées par les généraux démontrèrent que chaque régiment comptait à peine l'effectif d'un bataillon, chaque bataillon celui d'une compagnie. Comme il manquait à proportion autant d'officiers que d'hommes, il fut aisé de faire de nouveaux cadres, mais la fonte subite de son armée effraya l'empereur, et il donna l'ordre de faire rentrer dans les rangs tous les hommes détachés, qui n'étaient pas absolument indispensables aux services auxiliaires.

Je me suis trouvé de ce nombre, et, au moment où je t'écris, je ne suis plus médecin. Il est vrai que je l'étais si peu! Les ambulances renforcées des détachements laissés à Kollotskoi, à Mojaïk et à Viasma, avaient bien assez d'officiers de santé, pour les faibles ressources dont elles disposaient, de notre côté, je parle non-seulement de moi, mais de plusieurs sous-aides auxiliaires qui servaient dans les mêmes conditions. Nous n'avions rien à perdre en retournant à nos compagnies; car les officiers isolés ne trouvent plus à vivre chez les vivandiers; et la misère rendant égoïste, les hommes ne sont pas disposés à céder à d'autres qu'à leurs chefs directs les provisions, qu'ils ne peuvent se procurer

qu'au péril de leur vie. J'ai donc rejoint mon
camarade Lustrac, mon bon chien Mirault et la
famille Allard qui voyage, depuis Moscou, avec
la compagnie de ce brave garçon. Mon collet
brodé a été changé contre des épaulettes d'adju-
dant, et je me trouve aussi grand seigneur que
jamais. Nous ne ferons plus le service de l'arrière-garde qui va être confié au corps du maréchal Ney.

Nous sommes partis de Viasma, le 5. Le temps
était très-froid, mais le soleil brillait. Cela rendait un certain courage. Le 6, sur la route de
Dorogoboui, la neige chassée par un vent du
nord commença à tomber abondamment, et
recouvrit bientôt la terre d'une couche épaisse,
qui ne présentait plus à l'œil attristé qu'une
immense plaine d'un blanc éclatant. La route,
foulée par les chevaux et par les voitures,
devenait impraticable pour l'artillerie et extrê-
mement pénible pour les piétons. Les chevaux
mouraient comme mouches, et, pour alléger les
bagages, il fallut jeter beaucoup d'objets précieux, provenant du pillage de Moscou, qui ne
semblaient plus d'aucune valeur, et que leurs
possesseurs cherchaient en vain à échanger
contre quelques fourrures ou quelques aliments.

L'hiver moscovite, si terrible et si impitoyable, nous entoure de toutes parts avec ses horreurs. Il pénétre à travers nos légers vêtements et nos chaussures déchirées. Nos habits mouillés se gèlent sur nous, un vent aigre et violent nous gerce le visage et glace la respiration. Nos mains ne sentent plus le fusil qui nous échappe, nos pieds trébuchent au moindre obstacle.

Les forces humaines ne pouvant lutter contre de semblables épreuves, la maladie fait dans nos rangs les plus grands ravages. L'indiscipline et l'insubordination gagnent ceux dont le tempérament de fer conserve encore quelque énergie. On n'entend, sur toute la route, que les récriminations des uns et les gémissements des autres. Tous ces maux et le sentiment si profond de la conservation personnelle, produisent, chez les meilleurs, l'égoïsme et l'insensibilité du cœur. Chacun pense avant tout à conserver sa propre vie et pour cela tous les moyens sont bons. On voit des soldats dépouiller leurs camarades mourants, pour se réchauffer dans leurs habits, sans paraître se préoccuper de hâter ainsi leur mort.

Quand, après une journée de marche et de privations, arrive la nuit, nuit de seize heures.

dans ces plaines inhabitées, sur ce sol glacé que la neige encombre, on ne sait où s'arrêter, où s'asseoir, où se réfugier : Il faut bien vite courir au bois, abattre à coups de hache quelques sapins, allumer le feu de bivouac, puis chercher auprès des vivandiers quelques provisions, que l'on paie à prix d'or. Si un cheval s'abat, aussitôt on l'éventre, on le dépouille, on le dépèce ; c'est à qui en aura, et trouvera des charbons pour arriver le premier à rôtir sa proie sanglante. On se fait ensuite une place dans la neige autour du feu et l'on s'enroule dans sa capote pour dormir. Heureux ceux qui découvrent quelques masures où ils puissent se mettre à l'abri du vent, ou qui possèdent une voiture pour s'y blottir à l'abri, dans des couvertures chaudes.

Nos amis Allard ont ce bonheur, et font chaque jour des efforts pour nous faire accepter de partager leur asile, mais nous avons refusé jusqu'ici : nous contentant, Lustrac et moi, d'accepter des couvertures, avec lesquelles nous nous arrangeons tant bien que mal devant le feu. La chaude toison de Mirault me sert d'oreiller. L'excellente bête se prête de très-bonne grâce à cet office.

La famille Allard partage aussi très-généreusement avec nous ses provisions. Nous prenons, chaque matin, notre part de leur café, et quand le froid l'exige un peu d'eau-de-vie. En revan-che, le sergent Lustrac qui a appris à ses dépens tous les secrets de la maraude, et qui est passé maître dans cet art difficile, leur procure parfois, au lieu du fastidieux quartier de cheval, quelque bonne tranche de porc salé, quelques quartiers de mouton, un poulet, une douzaine d'œufs, un plat de choux ou de navets qui sont ripaille dans notre vie et que les généraux voient souvent avec envie, sans pouvoir se les procurer.

Rien n'est pénible à voir comme toutes ces pauvres familles d'exilés, qui sont sorties de Moscou sur la foi de la protection militaire, et qui se trouvent subitement, non-seulement ruinées, mais réduites aux plus dures privations et à l'existence la plus précaire. Beaucoup lan-guissent dans leurs voitures tellement affaiblis, qu'ils ne peuvent plus en descendre, même pour soigner leurs chevaux et se procurer de quoi soutenir une misérable vie; d'autres meurent sans amis, sans famille, sans les secours de la religion, et sont abandonnés sous la neige sans qu'on puisse même leur creuser une tombe. Il meurt surtout beaucoup de femmes et d'enfants

que le désespoir saisit et qui n'ayant pas, comme
nous une longue habitude des privations, n'ont
aucune force morale pour résister au malheur

Voici quatorze jours que nous sommes partis
de Moscou. Je ne crains pas de dire que ce sont
les plus pénibles de la campagne jusqu'ici. En
allant nous étions souvent surmenés par de longues étapes, parfois nous manquions de vivres;
il fallait être sans cesse en éveil pour ne pas être
surpris par l'ennemi, mais nous avions devant
nous l'inconnu, l'espérance et le beau temps.
Maintenant, nous battons en retraite, nous avons,
devant nous, six cents lieues à parcourir, avant
de toucher au sol de la patrie; et le plus cruel
hiver qu'il soit permis à un français de rêver,
nous talonne impitoyablement.

Enfin, nous ne sommes plus qu'à une étape de
Smolensk. On nous promet que nous y trouverons des vivres en abondance, des maisons pour
nous abriter, du bois pour réchauffer nos membres. Dieu veuille que ce ne soit point encore une
promesse illusoire.

Je t'écris tout cela bien à la hâte, chère bonne
mère, l'esprit un peu mécontent, le corps fatigué,
et en soufflant dans mes doigts sans pouvoir les
réchauffer. Il ne faut pas trop te désoler de la

peinture de nos épreuves ; je suis jeune, et, s'il
plaît à Dieu, je te reverrai. C'est la plus ardente
prière que j'adresse, chaque soir, à Celui qui
règle nos destinées.

QUATORZIEME LETTRE.

Liady, 27 novembre 1812.

Chère bonne mère,

Je t'ai laissée dans ma dernière lettre, au moment où l'armée allait revoir Smolensk, et toucher cette terre promise tant de fois, offerte comme un terme à nos souffrances. Nous atteignîmes les portes de la ville, le lendemain du jour où je t'écrivais. Mais, hélas! notre déception fut aussi grande en y pénétrant que notre espérance avait été vive.

Smolensk était restée ce que nous l'avions laissée en partant, c'est-à-dire une ville incendiée, ruinée, dépeuplée. Point de quartiers d'hiver préparés pour nous recevoir, point de magasins, point de bois, point de viande, point de fourrages, à peine quelques greniers de farine, des légumes secs et de l'eau-de-vie. Encore avec quelle difficulté et aux prix de quelles formalités les obtenait-on !

Dès la veille de nombreuses bandes de soldats sans chefs, sans vêtements, sans armes, mais mourant de faim, s'étaient présentées aux portes. A l'aspect de leurs figures hâves, de leurs habits en lambeaux, de leur figure effrayante, et de l'ardeur de leurs regards dévorés par la fièvre; le gouverneur refusa de leur ouvrir, et plusieurs périrent d'inanition en tendant vainement les mains pour obtenir un peu de nourriture.

Enfin, à l'arrivée de la jeune garde, les portes s'ouvrent. Chacun se précipite. Chacun songe avant tout à se procurer de quoi apaiser la faim qui le dévore. On court aux magasins. Les cris du pain, du pain ! dominent l'immense tumulte. Mais les préposés font la sourde oreille. « Qui sont tous ces gens sans papiers? de quel corps? de quelle provenance? qui justifiera des denrées qui leur auront été remises? Nouveaux refus, nouveaux cris, nouveau tumulte.

Alors ces infortunés ce répandent dans les rues. De force ils pénètrent dans les maisons; ils cherchent de la cave au grenier : ils renversent brutalement tout ce qui veut leur faire

obstacle. Ils s'emparent de tout ce qui s'offre à
eux. Ils se gorgent : ils s'enivrent : ils se cou-
chent mourant et chantant dans les rues, sous
le froid, dans la neige ; peu leur importe : ils
sont repus.

Ceux qui appartiennent à des corps constitués,
qui sont munis de reçus en règle font queue à
la porte des magasins. S'y pressent, s'y poussent, s'y entretuent et finissent par obtenir leur
part des distributions, mais à peine ces misérables vivres sont-ils entre leurs mains, que
l'instinct de la conservation, l'emportant sur la
discipline, ils éventrent les sacs, en arrachent
quelques livres de farine, et vont se cacher pour
les dévorer sans souci des compagnons qui,
l'arme au pied sur quelque place ou dans quelque faubourg, attendent leur retour avec
anxiété.

Quand tout fut épuisé, distribué, volé, que les
magasins se trouvèrent vides, on constata qu'il
y avait à manger pour cinq ou six jours au plus.
L'empereur s'en émut. Il fit appeler les muni-
tionnaires. Ceux-ci lui expliquèrent que malgré
leurs efforts ils n'avaient rien pu trouver dans
le pays, que leurs employés étaient morts de
la peste ou devenus fous, au milieu des cada-

vres qui empestaient l'air de cette vaste nécro-
pole, que les bœufs venus d'Allemagne et d'Italie
avaient succombés à la fatigue en arrivant,
que leurs approvisionnements avaient été pillés
par les traînards, consommés par les malades,
réquisitionnés par les détachements de diverses
armées que l'insurrection avait rejetées dans la
ville : Qu'enfin, les bornes humaines avaint été
dépassées et que tous leurs efforts avaient été
superflus.

En même temps, les mauvaises nouvelles
pleuvaient. Une des plus désastreuses fut la
déroute du prince Eugène et du quatrième corps
sur les rives du Wop, le 9 novembre. Ce prince,
après la sortie de Dorogobouj, avait reçu ordre
de se diriger en toute hâte sur Witepsk, par le
chemin qu'il avait suivi deux mois auparavant
pour venir à Smolensk, et qui était plus avantageux que la grande route. Mais alors le Wop
n'était qu'un ruisseau ; l'hiver venait d'en faire
une rivière escarpée, et pour comble de malheur
le général russe Platof, instruit de son dessein,
le poursuivait.

A la hâte, le prince ordonna de construire un
pont, mais les matériaux manquaient et le pont
se rompit. Les troupes, l'artillerie, les bagages

s'encombraient au bord de l'eau. Les Cosaques
arrivaient, et le canon russe déjà, par derrière,
balayait la vallée. Dans cette perplexité, le
général en chef prit une grande résolution. Il se
décida à abandonner l'artillerie et les bagages,
et à faire traverser la rivière glacée par ses
soldats, ayant de l'eau jusqu'à la ceinture.

Cette résolution connue, produisit sur le rivage
le spectacle le plus désolant. Les personnes qui
avaient conservé des voitures, obligées de les
sacrifier, chargeaient à la hâte sur leurs chevaux, leurs objets les plus indispensables, et
abandonnaient le reste au pillage. Les vêtements
brodés, les riches tableaux, les objets d'art de
toute sorte gisaient sur le sol. On ne s'attachait
qu'aux vêtements, aux vivres et aux bijoux
d'un transport facile. Quelques malheureux ne
pouvaient se décider à se séparer de tout ce qu'ils
possédaient. Ils voulurent sauter le gué, s'y em-
bourbèrent et furent noyés. Parmi ceux qui
passèrent, femmes, enfants, malades et soldats,
beaucoup moururent également, n'ayant pas de
quoi changer leur vêtement et les sécher, et
obligés de passer la nuit, campés dans la neige,
sur la rive opposée, tandis que le passage
s'achevait.

Le lendemain matin, l'armée de Platof entou-
rait le quatrième corps. Par un dernier effort, le
prince Eugène parvint à le repousser et à s'ouvrir un passage jusqu'à Dukourina, où il trouva
heureusement quelques ressources, et où il put
tenir deux jours pour donner à ses hommes le
temps de se remettre. Après quoi, il gagna à la
hâte Smolensk, sans cesser pendant toute la
route d'être poursuivi et harcelé par les Cosaques.
Quand ce qui restait de cette pauvre petite
armée pénétra dans la ville, leurs récits tiraient
des larmes des yeux les plus indifférents.

On apprit en même temps que Witepsk était
tombée aux mains de l'ennemi, avec les approvisionnements qui s'y trouvaient, que Kutusof
et le gros de l'armée russe nous avait devancés
sur la route que nous suivions, pour nous attendre en quelque position qui lui paraîtrait devoir
amener notre ruine, et que deux autres généraux russes : l'un descendant du nord, l'autre
s'élevant du sud, allaient s'efforcer de se rejoindre pour nous écraser.

La grande armée ne comptait plus que 36,000
combattants. Pendant son séjour à Smolensk,
l'empereur essaya de la réorganiser. Les débris
des quatre corps de cavalerie furent réunis en

un seul sous les ordres du général de Latour-
Maubourg, mais il ne toucha pas à l'artillerie et
à l'infanterie, laissant la division en corps et
régiments comme au début de la campagne,
pour ne pas laisser soupçonner à l'ennemi notre
faiblesse numérique. Le triomphe des Russes
aurait été trop grand s'ils avaient pu soupçonner
que depuis notre départ de Moscou, c'est-à-dire
en *vingt-cinq jours*, nous avions perdu plus de
cinquante mille hommes.

Ce fut également pendant le séjour de Smolensk
que le froid, qui avait augmenté progressive-
ment depuis l'apparition de la neige, atteignit
tout à coup un degré de rigueur, dont on ne se
fait point idée dans nos pays. Le 9 novembre, le
thermomètre marquait douze degrés au-dessous
de zéro, le 12 et le 13, il en marqua 17. Les
effets d'une telle température, sur des malheureux accablés de tant de maux, furent terribles.
Il y en eut beaucoup qui périrent; un plus grand
nombre eurent les pieds, les mains, le nez ou
les oreilles gelés, et les environs de Smolensk se
remplirent de cadavres.

Nos pauvres amis ont beaucoup souffert de
toutes ces intempéries. Ils étaient si peu habitués
à manquer non-seulement du bien-être, mais de

ce que les plus pauvres regardent comme indispensable à la vie! Cependant l'ingénieuse activité du sergent Lustrac... est venue à bout de leur procurer une petite chambrette, dans une maison de commerçant, avec un lit et un peu de bois pour se chauffer. Ce repos était indispensable à madame Allard qui commence à souffrir de la mauvaise nourriture, et surtout à son petit garçon qui présente déjà de graves symptômes de dyssenterie. Cette famille infortunée fait peine à voir. Personne ne se plaint, mais c'est une résignation morne et triste. Celle de gens qui, plongés dans des maux inconnus, n'ont aucun espoir d'en voir arriver le terme. Quand nous allons vers eux, ils essayent de sourire, mais c'est en vain qu'ils cherchent à nous cacher leurs larmes et leur désespoir, leur visage les trahit. Il est certain qu'en comparant leur sort au nôtre, nous sommes presque tentés de nous trouver heureux malgré nos misères. Nous fuyons le théâtre de nos épreuves pour marcher vers la famille et la patrie; eux quittent la vie heureuse pour s'avancer dans l'inconnu, incertains d'arriver et ne sachant où se réfugier, s'ils arrivent.

L'empereur a quitté Smolensk, le 14, à huit

heures du matin. Notre division n'en est partie
que le 15, se dirigeant sur Krasnoé, par la contrée la plus triste, la plus désolée, la plus inculte
qui se puisse voir. Cet aspect extérieur de la
nature influait tellement sur le moral de nos
pauvres compagnons de route, que tous marchaient en baissant la tête, et que les joyeux
propos, à l'aide desquels le soldat a coutume
d'abréger la longueur de la route, ne s'entendaient plus nulle part.

L'artillerie marchait avec tant de peine sur le
verglas et dans les fondrières de la route, que
nous mîmes vingt-deux heures pour faire la
première étape, qui n'était que de cinq lieues.
La seconde de cinq autres lieues devait nous
conduire de Korytnia à Krasnoé.

Tout en marchant, nous apprîmes que l'empereur avait pu gagner cette ville sans trop
d'obstacle, mais qu'entre lui et nous, Kutusof
qui nous suivait depuis Moscou par une route
latérale, venait de jeter 90,000 hommes. Cette
nouvelle était pour nous comme une sentence
de mort. Chacun le comprit et se prépara à combattre avec la résignation qui enfante les actions
héroïques.

La position était celle-ci : Napoléon dans

Krasnoé avec la garde, et sur la route partant de Smolensk, le prince Eugène d'abord, puis Davoust, puis tout à fait en arrière le maréchal Ney avec l'extrême arrière-garde. Mon régiment, après les derniers désastres, venait d'être attaché au corps du prince pour le renforcer.

Notre colonne s'avançait péniblement, ajoutant ses débris à ceux qu'elle rencontrait. A la tête, le prince abîmé dans les tristes pensées et suivi de son état-major silencieux, laissait son cheval marcher en liberté, quand tout à coup il s'aperçut qu'il avait devancé son corps d'armée de près d'une heure et qu'il était entouré d'ennemis, ayant tout au plus pour le défendre une escorte de quinze cents hommes. A ce moment un officier russe vint le sommer de se rendre, et, levant la tête, il aperçut l'artillerie et la cavalerie de Miloradowitch rangées sur toutes les hauteurs. Le péril était pressant. Mais un souverain ne peut se rendre ainsi. Le roi d'Italie refusa, et laissant au général Guilleminot le soin de disposer pour sa défense la petite escorte qui l'avait suivi, il revint précipitamment vers nous. Sa présence et le récit du danger de nos camarades nous électrisa. Nous prîmes le pas de charge, et arrivâmes bientôt près d'un bois où l'on nous donna ordre de nous déployer. Le canon grondait à tous les horizons, et l'on eut dit que tout était en feu jusqu'à Krasnoé.

Le soleil baissait, et nous nous trouvions dans une position très-critique, lorsque nous vîmes accourir à nous et se précipiter dans nos rangs les soldats de la petite troupe de Guilleminot. Ces braves, après avoir tenu l'ennemi en respect pendant une heure, s'étaient ouverts un passage au travers des Russes, qui, frappés de leur bravoure, n'avaient osé les arrêter. Avec ce renfort, nous fîmes jusqu'au soir assez bonne contenance pour ne pas nous laisser entamer, malgré les pertes énormes que nous causait l'artillerie.

Nous étions perdus si, dans ces fatales conjonctures, une nuit obscure n'était venue mettre fin au combat. Notre chef ne songea à en profiter que pour tenter de rejoindre Napoléon. Il donna ordre de se jeter à droite dans les terres et de marcher en silence sur Krasnoé, ce qui fut exécuté avec un soin scrupuleux. Chacun sentait trop bien que de la fidélité à cette consigne, dépendait le salut de tous.

Pendant que nous côtoyons ainsi l'armée russe, retenant notre haleine et le bruit de nos pas, une sentinelle avancée s'écrie tout à coup et nous demande qui nous sommes. Mais un Polonais le rassure : « Malheureux, lui crie-t-il, ne vois-tu pas que nous sommes du corps d'Ouvaroff, et que nous allons en mission secrète. Lo Russe trompé se tut, nous passâmes.

Un peu plus loin des cavaliers cosaques vinrent nous reconnaître, mais ils n'osèrent s'avancer, ne sachant à qui ils avaient affaire, et voyant qu'on ne paraissait pas se préoccuper de leur présence, ils se retirèrent.

Enfin, après deux heures d'une marche cruelle, nous retrouvâmes la grande route, et nous étions déjà dans Krasnoé, lorsque Miloradowitch s'aperçut de notre manœuvre.

L'empereur nous reçut avec joie, mais sans cacher sa préoccupation du sort de Davoust et de Ney, qui étaient encore exposés avec leurs héroïques phalanges à toutes les forces de l'ennemi... C'est alors qu'on l'entendit s'écrier :

J'ai assez fait l'empereur, il est temps que je fasse le général. »

En effet, le 17 au point du jour, Napoléon convaincu qu'il ne restait à Davoust aucun espoir de salut, tant que Miloradowitch conserverait sa position, se décida à attaquer. Il n'avait avec

lui que 13,000 hommes d'infanterie, 2,000 cavaliers. et 1,200 pièces de canon. Il rencontra l'ennemi à trois quarts de lieues de Krasnoé, en
remontant vers Smolensk, près du petit hameau
de Katowa, et commença son attaque résolûment
en faisant marcher sa garde. Le moment était
critique. Chaque instant renforçait l'armée
russe, et Kutusof pouvait, avec ses 80,000 hommes, envelopper s'il voulait l'armée française
toute entière dans un cercle, dont pas un ne
serait sorti. L'est, le sud, l'ouest étincelaient des
feux lugubres de l'artillerie russe. Le flanc droit
de la grande route était seul abrité par nos
troupes. Napoléon à pied, vêtu du costume
polonais et tenant en main un bâton de bouleau,
s'y promenait avec Berthier, incertain de
l'avenir, lorsque parut l'armée de Davoust à
travers un nuage de Cosaques, qu'il dissipait en
marchant au pas de course. Le visage de l'empereur se dérida un instant. Davoust était sauvé.
« Mais le maréchal Ney? » Le maréchal était
encore en arrière d'une journée. — A cette nouvelle, l'éclair de ses yeux disparut. Toutefois il
jugea qu'il n'avait pas un instant à perdre pour
effectuer sa retraite, et il rentra dans Krasnoé,
où il pouvait être deux heures de l'après-midi,

Notre corps jugé, trop épuisé par le combat de la veille, n'avait point été désigné pour prendre part à l'engagement de cette journée. Il avait reçu ordre de commencer, avant le jour, la retraite sur Liady qui n'est qu'à quatre heures de Krasnoé; l'empereur vient de nous y rejoindre. Il est six heures du soir, le temps s'est un peu radouci par le dégel, et nous jouissons du bien-être de gens qui viennent d'échapper par miracle à une mort regardée comme certaine.

Tu vois, chère mère, que l'emploi de nos journées n'est pas rempli de jouissances, et que l'automne que nous traversons est essentiellement différent de celui de France. Mais nous avançons vers la patrie, et cette pensée nous rend un peu de courage.

Adieu

QUINZIÈME LETTRE.

Chère bonne mère,

Nous sommes bivouaqués, ce soir, dans un très-beau château, qui, avec les nombreuses fermes qui l'entourent, forment un très-joli village, qu'on croirait une île au milieu des marais fangeux qui nous entourent de toute part.

Pour la première fois, depuis bien longtemps, je suis à l'abri dans une maison, et j'ai la perspective de coucher sur une bonne paille sèche devant le feu.

Mon ami Lustrac, monsieur et madame Allard, avec leur enfant, sont avec moi. Nous avons un peu de viande fraîche qui cuit devant le feu, Mirault se lèche les babines, je suis tenté d'en faire autant. Mais, pour ne pas te laisser sans nouvelles, je saisis cette bonne occasion de t'écrire commodément.

Nous sommes certainement bien à plaindre, au milieu de cette plaine glacée, que nous traversons en fugitifs; mais notre sort est encore enviable à côté des souffrances du corps d'arrière-garde du maréchal Ney, que nous avions laissé derrière nous, comme je te l'ai dit, au départ de Smolensk, et dont les péripéties, pendant ces quelques jours, dépassent tout ce que l'imagination peut inventer de sombre et de lugubre.

Ce corps qui faisait l'arrière-garde depuis Viasma, n'entra dans Smolensk qu'au moment où Davoust allait en sortir, dans la matinée du 16 novembre. Il n'y trouva plus la quantité de vivres qui lui avait été assignée et annoncée. Pendant la journée, le feu éclata dans plusieurs endroits. Les malades et les blessés, qui étaient au nombre de cinq mille, fuyant les maisons embrasées, jetèrent partout le désordre. A huit heures du soir, arriva la dépêche de Davoust, annonçant le désastre de notre corps. Le général n'en comprit pas toute la gravité, ou ne voulut pas enfreindre les ordres qu'il avait reçus, et ne quitta Smolensk que le 17, à deux heures du matin, après y avoir mis le feu. Il avait, sous ses ordres, 6,000 hommes d'infanterie, 300 cavaliers et douze bouches à feu. Sept mille traîneurs suivaient la colonne.

Il ne resta pas de chirurgiens avec les cinq mille blessés ou malades que l'on abandonna. On les laissa comme des instruments inutiles, et l'explosion des mines qui devaient faire sauter la ville, renversa plusieurs des bâtiments dans lesquels ils étaient réfugiés, en les ensevelissant sous les ruines.

Pendant cette journée, on ne vit que des Cosaques, mais, partout le long de la route et au fond des ravins, on trouvait la neige couverte de casques, de schakos, de coffres enfoncés, d'habillements épars, de caissons vides, et de canons encore attelés de leurs chevaux expirants.

Ney vint bivouaquer à Korithnia. Le lendemain, il se remit en marche. Les Cosaques se montrèrent en plus grand nombre, avec de l'artillerie. A trois heures, on atteignit Katowa : la neige était rouge de sang. L'armée de Miloradowitch était là en position, et les cadavres des Français, en grand nombre, annonçaient le théâtre d'un sanglant combat.

Sans calculer le danger, le maréchal ordonne

de se frayer un passage à travers cette masse
d'hommes et de canons, et, marchant le premier,
à la tête des siens, il renverse la première et la
deuxième ligne. Mais une pluie de fer lui
répond. En un instant, il voit tous ses généraux
blessés, la plupart de ses hommes hors de combat; leurs rangs sont vides, leur colonne défor-
mée qui tourbillonne, recule et l'entraîne. Alors
un officier russe, envoyé par Miloradowith, se
présente pour lui faire connaître que les corps
d'Eugène et de Davoust sont anéantis, que
l'armée russe tout entière occupe Krasnoé, et
qu'une plus longue résistance devient inutile.
Ney répond simplement qu'un maréchal ne se
rend point, et, tant bien que mal, il rallie ses
divisions. Soit pitié, soit crainte, l'ennemi
négligea de le poursuivre.

Vers la chute du jour, il gagna la rive du
Dnieper, près du village de Danikouva, et après
y avoir fait allumer de grands feux, comme s'il
voulait y passer la nuit, il se glissa, en silence,
vers le fleuve, avec l'espoir de le traverser sur
la glace. Le dégel commençait. Néanmoins, le
maréchal ne voulut point commencer le passage
avant d'avoir rallié tout son monde, puis, donnant ordre d'abandonner les bagages et les

canons, il commença a faire passer ses hommes,
lentement un à un, pour ainsi dire, malgré les
cris de ceux qui se voyaient contraints d'abandonner leurs vivres, leurs fourrures, toutes les
ressources du présent et de l'avenir. La glace
était si faible qu'elle rompit en plusieurs endroits, et que des femmes et des malades mêmes
furent obligés de gagner la rive opposée à la
nage. Ceux qui s'opiniâtrèrent à passer avec
leurs voitures, s'abîmèrent et disparurent dans
le courant, sous la glace. Ce passage extraordinaire s'effectua dans la nuit du 18 au 19. L'ennemi ne le contraria point.

Le corps français parvint ainsi à mettre le
fleuve entre lui et l'armée russe. Mais il ne comptait plus que trois mille hommes avec un nombre
à peu près égal de militaires isolés. Deux jours
de marche avaient détruit la moitié de cette
armée. Au point du jour, il atteignit un village,
où on lui apprit, à son grand étonnement, que
l'armée russe du général Platof était à une petite
distance devant lui. Ainsi de nouveaux périls
succédaient à ceux auxquels il venait d'échapper.
Le danger était trop grand pour que personne
songeât au repos qui, cependant, était si nécessaire. On prit, à la hâte, quelques nourriture et
l'on repartit

Vers dix heures, on avait atteint deux autres villages bien peuplés et fournis de provisions, quand soudain on vit les forêts environnantes se remplir de mouvement. Pendant qu'on s'appelle et qu'on se concerte, des milliers de Cosaques sortent d'entre les arbres, et entourent la malheureuse troupe de leurs lances et de leurs canons. Les Français avaient devant eux une plaine qu'il fallait traverser; ils s'y engagèrent ayant d'un côté le fleuve et de l'autre l'artillerie russe qui les mitraillait. Un bois était devant eux; ils y coururent comme à un lieu d'asile, mais, au moment où ils allaient l'atteindre, une batterie embusquée sous les arbres se découvrit et porta le désordre et la mort dans toute la tête de colonne.

Un découragement spontané s'empara de ces malheureux. Ils jetèrent leurs armes, s'écriant pour la première fois qu'il fallait se rendre. Ney resté presque seul à cheval écumait de rage : mais, sans perdre l'espoir du salut, il parcourt les rangs, excite ses hommes, les entraîne, et, poussant des cris terribles, les précipite sur la batterie dont les artilleurs à un pareil spectacle prennent la fuite comme devant des démons. On atteignit ainsi le bois, dont la nuit fit bientôt une retraite inaccessible, et l'on marcha à l'aventure jusqu'à un grand village, où il fut permis de prendre quelque repos et quelque nourriture. Cette nuit de bien-être ranima les soldats.

Le lendemain, 20 novembre, la colonne se remit en marche, au point du jour, et, pendant toute la journée, il fallut lutter en marchant contre les Cosaques, mais on put éviter l'artillerie à la chute du jour, on s'arrêta au village de Jacupouvo, situé près d'un bois, où l'on apprit que Napoléon était à Orza, à une journée de distance.

C'était une bonne nouvelle. Ney en profita pour exciter ses hommes à redoubler d'ardeur, et donna le signal du départ, à neuf heures du soir. Ils marchèrent toute la nuit et tout le jour suivant. Enfin, à minuit, on trouva les vedettes françaises.

Quant à deux lieues de là, Napoléon apprit que Ney venait de reparaître, il en bondit de joie, et s'écria devant tout le monde : « J'aurais donné trois cents millions de mon trésor, pour racheter la perte d'un tel homme. »

Inutile de dire si cette joie fut partagée et si, dans tout le camp, on fêta, le moins mal qu'on put, le retour de cette heroïque phalange.

Nous étions, en effet, à Orza. Les événements qui nous y avaient amenés sont peu nombreux depuis le départ de Krasnoé. L'empereur avait quitté Liady, dans la nuit du 17 au 18, après y être resté seulement quelques heures. A Dubrouna, ville de bois fort triste, mais peuplée et présentant quelques ressources de vivres, il passa la journée à s'informer des nouvelles de l'arrière-garde, et à envoyer sur toutes les routes pour voir si on ne découvrait point la présence du maréchal Ney.

Le soir, une fatale nouvelle lui parvint qui devait changer encore une fois notre itinéraire. Munk, notre magasin, notre retraite, notre unique espoir venait de tomber aux mains du général russe Tchitchakof.

L'empereur, comme bien on pense, passa la nuit à combiner un nouveau plan de retraite. Il s'arrêta à celui de passer la Bérézina à Borisof, avant que ce passage fut occupé par l'ennemi et dépêcha Dombrouski et Oudinot pour occuper la ville et la tête de pont.

Le 19 au matin, toute l'armée se mit en route pour Orcha. Napoléon était à cheval et portait son costume polonais. Après une lieue de marche environ, il mit pied à terre, fit former l'in-

fanterie de la vieille garde et la harangua.
« Grenadiers de ma garde, leur dit-il, vous êtes
témoins de la désorganisation de l'armée. La
plupart des soldats, par une fatalité déplorable,
ont jeté leurs armes. Si vous imitiez ce funeste
exemple, tout espoir serait perdu. Le salut de
l'armée vous est confié, vous justifierez de la
bonne opinion que j'ai de vous. Il faut non-
seulement que les officiers maintiennent une
discipline sévère, mais que les soldats exercent
entre eux une rigoureuse surveillance, et punis-
sent eux-mêmes ceux qui s'écarteraient de leurs
rangs. » Napoléon prononça ce discours d'une
voix faible; comme s'il n'eût pu maîtriser
l'émotion intérieure que faisaient naître en lui
les nouvelles péripéties qui se présentaient, au
moment où il s'était cru prêt à voir terminer
les épreuves de la grande armée.

A Orcha, on trouva des vivres en abondance
et trente-six canons. Nous y passâmes les journées du 19 et du 20, à attendre le corps du
maréchal Ney, et celle du 21 à fêter son retour,
et à reposer ses soldats.

L'empereur avait employé ce temps à combler
les vides des derniers jours et à se réorganiser
un peu. On distribua des vivres, des armes et

des munitions. Avec les trente-six bouches à
feu attelées, qu'on venait de trouver, on fit six
batteries dont deux furent données au prince
Eugène, deux à Davoust et deux à Latour-
Maubourg ; enfin un ordre du jour très-précis
prescrivit à tous les isolés de rejoindre leurs
aigles, sous peine des punitions les plus sévères.

Nous quittâmes Orcha le 22, marchant péniblement sur un large chemin bordé d'une double
rangée de grands bouleaux, dans la neige fondue
et transformée en une boue profonde et liquide.
On fit étape le soir à Kocanou, dont on brûla les
ponts, et qu'on quitta le lendemain de bonne
heure pour se rendre à Toloozin, à travers de
vastes forêts dont nous connaissions déjà les
solitudes.

Une nouvelle presque aussi triste que celle de
la prise de Minsk, attendait l'empereur dans ce
village. Il y apprit que l'armée russe, toujours
sur nos traces ou devant nous, venait de s'emparer du pont et de la ville de Borisof. On assure
qu'en apprenant ce nouveau désastre, Napoléon
s'écria en frappant la terre : « Il est donc écrit
Là-Haut que nous ne ferons plus que des fautes. »
Puis étant informé que les trois armées de

Kutusof, de Wilgenstein et de Tchitchakof, l'entouraient comme dans un réseau, il donna au général Oudinot l'ordre de trouver un gué dans la Bérézina, et de se préparer au passage par quelque moyen que ce puisse être.

Le 23, nous apprîmes que le général Oudinot avait été assez heureux pour surprendre les Russes à Borisof, les forcer à repasser la Bérézina en y abandonnant leurs bagages. Mais il ne put les empêcher de couper le pont en se retirant. Nous campâmes ce soir-là à Bobr, et le froid recommença à se faire sentir avec une nouvelle intensité.

Maintenant nous sommes en vue de Borisof et de la rivière. Le froid augmente avec une rapidité qui nous fait espérer que nous pourrons la passer sur la glace. On nous indique du reste quatre points sur lesquels la Bérézina est guéable : en aval au village d'Eckoloda, qui est à trois lieues de la ville, et en amont à Stakou, qui est à une lieue et demie de Borisof, à Studianka, à quatre lieues, et à Wesclovo à cinq lieues, sans compter le pont de Borisof, si l'on parvient à le rétablir. Il est vrai que l'ennemi nous entoure, mais ne nous poursuit-il pas depuis Moscou, et ne serions-nous pas déjà détruits depuis longtemps si le nom de l'empereur et de la grande armée ne nous protégeaient.

A demain donc et que Dieu nous protége. En attendant, remercions-le de nous avoir donné, ce soir, un si bon gîte.

SEIZIÈME LETTRE.

Zembin, 30 novembre 1812.

Mes pauvres parents,

Le voilà terminé ce terrible passage que
Dieu destinait, sans doute, à nous montrer jusqu'où peut s'étendre la limite de la misère et du
malheur. Pour combien d'années dans ma vie
comptera chacune de ces journées, devant son
tribunal, et au milieu de tant de morts et de
mourants qui m'entourent, puis-je espérer qu'il
me laissera vivre encore assez longtemps pour
vous embrasser.

Il me semble qu'un siècle s'est écoulé depuis
ma dernière lettre, car elle était pleine d'espérance, d'insouciance au moins. Au milieu de nos
infortunes, nous comptions toujours sur l'étoile
de notre empereur. Notre confiance en cet

homme, qui avait soumis le monde, qui s'était toujours montré victorieux et infaillible, n'avait pas de bornes. Nous n'ignorions pas qu'il fallait se faire jour à travers des marais interminables, passer une rivière sans ponts et sans bateaux, éviter ou vaincre trois armées unies pour nous détruire. Cependant, nous ne doutions pas de la victoire : aujourd'hui tout est fini, et les dernières illusions sont tombées.

Cependant, jamais précautions plus minutieuses n'avaient été prises pour assurer une action militaire. On avait passé la journée du 25 à débarrasser l'armée de tout ce qui pouvait entraver sa marche. On avait brûlé tous les fourgons, toutes les voitures inutiles. On avait réduit, à la plus simple expression, le bagage des officiers, remonté l'artillerie avec des chevaux pris partout, rallié les isolés, les garnisons des petits postes voisins restées pour garder la route à notre premier passage. Un corps assez nombreux, commandé par le maréchal Victor, et qui avait opéré isolément pendant toute la campagne, était même venu nous rejoindre avec des troupes en bon état et des munitions en abondance. Enfin, avec tous les officiers de cavalerie, sans commandement, et leur nombre était devenu très-considérable, on forma un escadron où les généraux servaient comme capitaines, et les colonels comme lieutenants.

Tous les passages de la Bérézina avaient été reconnus et sondés : On remarqua qu'ils étaient surveillés par l'ennemi. L'empereur mit un grand zèle à prescrire toutes les mesures nécessaires pour déplacer l'ennemi, en le trompant sur ses desseins. Aussi, tandis qu'il se décidait après mûres réflexions pour le point de Studzianka, il donnait ordre de diriger de faux équipages de ponts sur Ukholoda, et d'y ramasser à grand bruit tous les matériaux nécessaires pour y établir un passage. On fit plus, on dirigea très-ostensiblement sur ce point la cavalerie, on fit arrêter et interroger les paysans et les juifs du voisinage, en expliquant devant eux le plan de route par Bérézino, et en feignant de prendre note des explications qu'ils donnaient.

Pendant ce temps, l'empereur avait prescrit de préparer rapidement le passage à Studzianka. Non pas que ce point fût excellent, car un officier d'artillerie constata, dans un rapport circonstancié, que la rivière en cet endroit avait quarante toises de large, que le gué avait, en ce moment, cinq pieds de profondeur, et qu'il fallait, en sortant de la Bérézina, traverser un marais impraticable aux voitures, excepté pendant les fortes gelées; mais ce point était le seul sur lequel l'ennemi ne fut pas encore en grand nombre, et dont l'accès fut facile aux voitures : du reste il n'y avait pas un seul instant à perdre.

L'empereur ne se dissimulait point le danger, et probablement il le voyait beaucoup mieux qu'il ne voulait laisser croire. Dans la soirée du 25, il parcourut lui-même les rampes de la rivière et vint s'établir dans un moulin hors de Borisof. Il passa une partie de la nuit à donner des ordres; et le lendemain, dès cinq heures, il était debout pour surveiller l'arrivée des troupes qui, depuis la veille, se massaient sur la vallée de Studzianka, et placer sur la hauteur, dans les endroits les plus convenables, des batteries d'artillerie destinées à foudroyer l'ennemi s'il se présentait sur la rive opposée.

Cette journée, du 26 novembre, brumeuse et froide, succéda à une nuit terrible, passée en plein air, pendant laquelle les pontonniers et leurs aides, avaient fait des efforts inouis et presque inutiles pour établir dans la rivière,

malgré la glace, deux ponts qui se trouvèrent
insuffisants à nous porter. Ces malheureux
travaillèrent sans se plaindre dans l'eau qui
gelait autour d'eux. Plusieurs périrent de froid
ou furent submergés par les glaçons que poussait
un vent impétueux.

La grande préoccupation de l'empereur et la
nôtre, étaient de savoir si l'ennemi, attiré par le
bruit que nous faisions malgré nous, n'aurait
pas profité de l'obscurité pour prendre position
sur la rive opposée, d'où quelques pièces d'artillerie auraient suffi pour détruire nos ouvrages.
Il se trouva que le passage était libre. Nous
étions trente mille à passer : les ponts n'étaient
pas en état de nous porter.

Dans leur impatience, quelques cavaliers,
ayant à leur tête l'aide-de-camp Jacqueminot,
passèrent à la nage, ayant de l'eau jusqu'à la
tête de leurs chevaux que les glaçons ensan-
glantait. On fit aussi passer à peu près quatre
cents hommes sur deux mauvais radeaux, en
vingt voyages.

Enfin, à deux heures de l'après-midi, les deux
ponts se trouvèrent prêts : l'un léger pour les
piétons, un autre plus fort pour l'artillerie et les
bagages. L'empereur qui n'avait pas quitté les

travaux depuis le matin, vit passer, sous ses yeux, le corps du général Oudinot qui défila en bon ordre, et manifesta beaucoup d'ardeur.

Six à sept mille hommes avaient franchi la rivière, lorsque pendant la nuit du 26 au 27, deux ruptures survenues au pont, des voitures interrompirent le passage : l'une à huit heures du soir, l'autre à deux heures du matin. Ces accidents occasionnèrent sept heures de retard et un encombrement considérable. D'un autre côté les traîneurs, dispersés dans les bois et dans les villages voisins, n'avaient pas profité de la première nuit, et le 27 quand le jour reparut, tous se présentèrent à la fois pour traverser la rivière et produisirent un désordre très-préjudiciable. Les hommes, les chevaux, les chariots, se poussaient et se culbutaient en criant. Plusieurs malheureux furent écrasés dans la cohue, d'autres précipités dans l'eau, au milieu des glaçons.

Ce jour-là l'empereur passa la Bérézina avec sa garde, et alla établir son quartier général dans le petit hameau de Zaniouski, situé au milieu du bois, à une lieue des ponts.

Le désordre, déjà très-grand, redoubla après son départ. Une troisième rupture qui survint vers quatre heures et retarda jusqu'à la nuit close. Alors la panique s'en mêla, et le tumulte n'eut plus de nom.

Nous étions passés, Lustrac et moi, peu de temps après l'empereur, avec notre régiment, et envoyés du côté de Borisof, pour tenir tête aux Russes de l'armée, de qui sachant enfin à quoi s'en tenir sur les projets de Napoléon, remontaient lentement de Ukholoda, dans le dessein de nous couper la retraite. En partant, nous avions fait nos recommandations à la famille Allard, assez heureuse pour avoir conservé jusque-là sa voiture, en les pressant de ne pas se laisser gagner par la peur, et de profiter du premier moment où le pont serait libre pour s'y glisser et nous rejoindre.

Le malheur voulut que notre régiment restât sous les armes pendant toute la journée du 28, durant ce temps il se passa, sur la rive opposée de la rivière, un drame tellement lugubre que je ne saurais le décrire dans toutes ses parties.

Ce fut d'abord la division Partouneau, du corps du duc de Bellune, qui, chargée d'occuper les décombres de Borisof et la tête du pont détruit, fut coupé du reste de l'armée, par les Russes du général Platof, avec tous les traîneurs qui restaient encore autour de lui. Quoiqu'il ne disposât

que de trois canons et au plus quatre mille fusils,
il prit l'héroïque résolution de se faire jour à
travers l'armée ennemie, pour rejoindre le pont
de Studzianka, mais une suite de complications
imprévues survinrent. La route était glissante
et obstruée, la nuit noire et glaciale, la trace des
chemins avait disparu sous la neige, il tomba au
milieu des ennemis; ses hommes affolés, après
avoir perdu la moitié de leurs compagnons,
jetèrent leurs armes, il fut contraint de se
rendre.

Enhardis par ce succès, et mieux instruits de
l'état de nos forces, Witgenstein et Platof ne tardèrent pas à arriver sur les hauteurs qui dominent Studzianka. Elles n'étaient plus défendues
que par le corps du maréchal Victor, et par un
petit détachement d'artillerie, car les canons à
leur tour avaient dû défiler, pour passer du côté
où était l'empereur. L'artillerie russe commença
aussitôt un feu plongeant sur les malheureux,
en désordre et presque sans armes, qui couvraient
les vallées, depuis Studzianka jusqu'aux ponts.
Aussitôt tous ces hommes affolés, les femmes,
les enfants, les bagages arrivent, se poussent,
se bousculent, se renversent, et passant les uns
par-dessus les autres, s'efforcent de fuir le danger.

Hélas! pour le plus grand nombre d'entre eux,
le dernier jour était venu. Cette multitude immense
entassée sur la rive, pêle-mêle, avec les
chevaux et les chariots y formait un épouvantable
encombrement. Alors, comme dans toutes
les circonstances extrêmes, on vit des actions
infâmes et des actions sublimes. Plusieurs dans
leur odieuse avarice ne craignirent pas de faire
avancer leurs chariots, en passant sur le corps
des malheureux renversés. D'autres se jetèrent
résolûment dans l'eau pour en retirer ceux qui
y tombaient, en voulant avancer trop vite, ou
qui, après avoir essayé de passer sur la glace,
se trouvaient ensevelis dans l'eau jusqu'aux
aisselles. Le désespoir en saisissait quelques-
uns, les malades surtout : ils s'asseyaient à
l'eau sur la neige, et attendaient stoïquement
leur dernière heure.

Au milieu de cet horrible désordre, un des
ponts se rompit encore, et précipita dans la
rivière tous ceux qui étaient engagés sur cet
étroit passage, et que la foule pressait trop fortement
par derrière. Ces flots d'infortunés roulaient
les uns sur les autres, au milieu des imprécations
et des cris de désespoir. Dans cette
affreuse mêlée. les premiers, foulés et étouffés.

se débattaient sous les pieds de leurs compagnons, et s'attachaient avec les dents, avec les ongles, à tout ce qui pouvait les retenir. Les femmes, les mères, appelaient en vain leurs maris et leurs enfants. Dans cet épouvantable fracas, des sifflements de la tempête, des explosions des obus, des vociférations des uns, des gémissements des autres, cette foule désordonnée ne pouvait entendre les plaintes des victimes qu'elle engloutissait.

Vers neuf heures du soir, il y eut un surcroît de désolation, quand Victor, qui, depuis le matin, soutenait, avec six mille hommes, l'attaque de quarante mille ennemis, commença à son tour sa retraite, et ouvrit aux siens une horrible tranchée au milieu de ces malheureux, qu'ils avaient défendus avec tant de courage, et qui avaient perdu par leur désordre et leur insouciance des heures si précieuses.

Le passage du corps d'armée, que commandait ce maréchal, dura presque jusqu'au matin du 29. C'est à ce moment que nous fûmes remplacés et que nous revînmes sur les bords de la Bérézina. Vainement, mon ami et moi, nous adressâmes-nous à tous ceux qui nous connaissaient pour obtenir des nouvelles de la famille Allard. Quel-

ques amis les avaient vus s'efforçant de se
frayer dans la foule un passage pour eux et leur
voiture, mais personne ne pouvait dire s'ils
étaient passés, s'ils avaient été précipités dans le
courant, ou s'ils étaient encore parmi ceux qui
s'agitaient vainement sur l'autre rive, sans pouvoir parvenir à l'un des ponts.

Cependant le temps pressait. Le général Eblé
avait ordre de mettre le feu aux ponts à huit
heures, et les Russes, qui n'étaient plus retenus
par Victor et par l'obscurité, commençaient à
escalader les buissons et à rallumer le feu de
leur artillerie.

Dans cette extrémité Lustrac, n'hésita point.
« Il faut, s'écria-t-il, en se tournant vers moi,
que nous les retrouvions morts ou vivants. »
Et appelant à lui Mirault, il s'élança à la nage
dans la rivière. Je fis de même en bénissant
Dieu de m'avoir, dans mon enfance, donné du
goût pour cet exercice si précieux. Notre ardeur
était telle que nous ne sentions pas le froid.

Nous étions prêts d'atteindre le milieu du
courant, lorsque nous entendîmes un grand cri.
C'étaient des malheureux qui, culbutés par une
bousculade horrible, étaient précipités du pont
dans la rivière. Je vis au-dessus de ma tête

passer, comme un éclair, une femme et un enfant. C'était ceux que nous cherchions, mais j'eus à peine le temps d'appeler Lustrac, que déjà ils avaient disparu entre les glaçons.

Je plongeai comme lui sans perdre de temps. Le fond de l'eau était moins froid que la surface, mais les travaux accomplis depuis la veille avaient troublé sa limpidité. Mais, ô spectacle horrible ! Le lit de la rivière était littéralement jonché de cadavres qui se touchaient, et s'enlaçaient les uns les autres dans les postures les plus effrayantes. Comment reconnaître ceux que je cherchais, au milieu de cette foule, comment les détacher de leurs voisins ! Toutes ces pensées me traversèrent l'esprit comme un éclair, et en moins de temps qu'il n'en faut pour l'écrire. Entre tous ces visages froids et immobiles, il me sembla cependant en distinguer un que je pris pour le fils de mon cher hôte. Je le saisis énergiquement, je l'enlevai d'un bond, et bientôt je fus à la surface de l'eau. Mais, ô déception ! la lumière du jour me convainquit, en un clin d'œil, que ce jeune homme n'était pas celui que je cherchais et que je n'avais amené qu'un cadavre.

Sans perdre une seconde, je plongeai de nou-

veau. Je ne sentais pas le froid, tant j'étais
ému, et il me semblait porter en moi une force
surnaturelle. Cette fois j'aperçus une femme qui
portait des vêtements de même couleur que ceux
de madame Allard. C'était la même taille, le
même embonpoint. Je crus voir le même visage.
Je m'approche : ses membres étaient encore
souples. Elle vivait. J'écarte d'elle, à la hâte,
deux mains glacées qui se crispaient sur une de
ses jambes, je la ramène à la surface, je la
dépose sur un glaçon. Ce n'était pas madame
Allard! mais un cri part de la rive. Deux jeunes
filles éplorées me tendent les bras en appelant
leur mère. J'eus la satisfaction de leur rendre
celle qu'elles croyaient avoir perdue pour toujours.

Cependant, comme j'allais me jeter à l'eau
pour la troisième fois, j'entendis autour de moi
des cris d'admiration qui me firent lever les
yeux. La foule considérait un chien, qui au milieu
lu courant, à travers les glaçons, et par un
ffort désespéré, cherchait à entraîner vers la
rive un cadavre de femme, dont il tenait la robe
ontre ses dents par le haut du corsage. Je
reconnus Mirault. Cette fois c'était madame
Allard. M'élancer au secours de la pauvre bête,

dégager notre amie du milieu des glaçons, l'entraîner vers la rive et l'étendre sur la plage. ce fut l'affaire d'un instant. Des personnes charitables m'aidèrent à la placer convenablement. Un chirurgien lui fit respirer des sels, et la frictionna, comme il est prescrit, avec une brosse de crin, bientôt la chaleur commença à renaître, la respiration se rétablit : elle rouvrit les yeux.

En ce moment monsieur Allard accourait. Elle lui tendit la main avec un angélique regard, et d'une voix faible : — Et Armand? dit-elle. Armand, c'était le nom de son fils. Monsieur Allard me regarda. Le souvenir de Lustrac me traversa l'esprit : — Il est avec le sergent, répondis-je.

Il y était, en effet, mais, hélas! pour l'éternité et nos yeux ne devaient plus les revoir. Eclairé par ma propre réflexion, je laissai entre les mains de mon bienfaiteur sa femme, qui n'avait plus besoin de moi, et me mis avec ardeur à la recherche de mon ami. J'espérais le voir dans quelqu'un des groupes qui stationnaient sur le rivage, pour aider et encourager les sauveteurs; un rapide coup d'œil me convainquit qu'il n'y était pas. Alors, je courus vers la berge, et, sans réfléchir, j'allais instinctivement recommencer à plonger, mais, un cordon de troupes venait de se former sur toute sa longueur, le pont était en flammes, et un ordre sévère du général Eblé, interdisait formellement de descendre à la rivière, et même de stationner sur ce point rendu extrèmement dangereux par le feu de l'artillerie russe. Il était huit heures.

C'est ainsi que mourut mon pauvre ami Lustrac, héroïque dans la mort comme dans la vie. C'est en accomplissant le plus saint des devoirs qu'il a été saisi par la mort. Hélas! que deviendra sa pauvre mère dont il était l'unique consolation.

DIX-SEPTIÈME LETTRE.

Wilna, 9 décembre au soir.

Ma pauvre mère,

Il y a bientôt dix jours que je t'ai écrit, au lendemain même de notre désastre de la Bérézina, et le temps n'a rien changé à mon amère tristesse. Mon cœur est serré comme dans un étau, et la pensée que nous marchons vers la France, avec laquelle j'ai longtemps soutenu mon faible courage, ne peut plus soulever mes membres, ni réjouir mon cœur : Il me semble que jamais je n'achèverai cette longue route, et qu'au premier jour, je tomberai sans vie sur la glace, comme tant de pauvres camarades qui s'enveloppent le soir dans leur manteau, et que l'aurore du lendemain trouve endormis pour toujours.

(232)

Ah! si tu savais comme ces nuits sont longues. Elles commencent à quatre heures du soir,
et ne finissent qu'à neuf heures du matin. Pendant dix-sept heures d'obscurité, la neige tombe,
le vent souffle, le froid sévit sur nos pauvres
membres, en plein champ, sans le moindre abri
et sans que les feux de bivouac puissent nous
réchauffer. Car le bois n'est pas toujours à notre
portée, et nous n'avons pas la force d'aller en
chercher, au loin, la quantité qui serait nécessaire, et puis la neige l'empêche de s'allumer, la
fumée de pin vert nous suffoque, le vent pousse
des étincelles sur nos pauvres vêtements, et la
prudence nous défend et de dormir et de s'approcher trop près du brasier, car ce changement
brusque de température serait mortel. Il faut
marcher, toujours marcher, morne, triste, sans
paroles, sous la neige qui vous enveloppe sans
cesse, à petit bruit, et qui tisse silencieusement
le linceul du camarade que vous aviez près de
vous, il y a une heure, et que vous chercherez
vainement dans les rangs demain matin.

Mais secouons cet amer souvenir. J'ai laissé
mon récit au moment où le général Eblé, suivant
l'ordre de l'empereur, faisait brûler les ponts
pour mettre la Bérézina entre nous et les Russes,

et établissait un cordon de police pour faire évacuer les berges. Pendant que je revenais tristement vers mes bienfaiteurs, les tambours donnaient le signal du départ. L'empereur avait déjà quitté, depuis le matin, ce campement par la route de Zembin. Chacun faisait ses préparatifs, à la hâte, pour quitter ces lieux maudits, où plusieurs avaient campé deux nuits en présence des Russes, avec des vêtements trempés d'eau, presque sans feu pour se sécher, et n'ayant aucune provision de bouche, car les généraux eux-mêmes, après avoir perdu leurs derniers bagages, étaient aussi affamés, aussi nus que les plus pauvres soldats.

Au-delà des marais fangeux qui avaient servi de bivouac, le pays forme un plateau boisé d'une grande étendue, où les eaux continuent un vaste marécage. Le passage de la Bérézina et tous nos efforts réunis, eussent été impuissants à nous tirer de ce précipice mouvant, si la route n'eût été par précaution garnie, dans une longueur de trois cents toises, avec des planches et des fascines, qui nous servirent comme de pont, et que l'ennemi, par humanité, peut-être, avait oublié de brûler.

Nous n'avions plus d'armée. Cinq ou six mille

hommes au plus, dans cette immense cohue, étaient en état de porter les armes : les autres suivaient ou plutôt fuyaient, pêle-mêle, sans écouter les chefs, et n'ayant plus pour guide que l'instinct de la conservation personnelle.

Les sinuosités de la forêt, la faim, le froid, la perte des bagages, la mort de tant de camarades, l'exemple de tant de fuyards, la vue décourageante des pauvres blessés pour lesquels on n'avait même plus assez de voitures, et qu'il fallait abandonner sur la route, où ils ne tardaient pas à mourir ensevelis par le vent dans la neige, tout tendait de plus en plus à la désorganisation à mesure que nous marchions devant nous.

L'empereur coucha le premier jour à Kamen, avec les prisonniers russes des derniers jours, qu'on parqua, et qui, après avoir dévoré jusqu'à leurs morts, furent trouvés glacés et sans vie le lendemain matin.

On continua à marcher dans la neige, dont la route de la forêt était en certains endroits encombrée à une grande hauteur, et formait des montagnes ou cachait des précipices. A chaque pas l'indiscipline et l'insubordination augmentaient, en même temps que disparaissaient les traces d'uniforme. Il n'y avait plus ni généraux ni soldats, mais des malheureux devenus égaux devant la faim. Voici un trait dont j'ai été témoin oculaire. Des militaires de toutes armes entouraient un feu de bivouac; un général transi de froid arrive et les prie de lui faire une place. Point de réponse. Le général insiste, on se regarde, et un Parisien répond : « Apporte la bûche. » Peu après survient un commissaire des guerres, tenant en main un mouchoir dans lequel il y avait des pommes de terre. Il prie qu'on lui permette de les faire cuire sous la cendre, pour apaiser sa faim. On le repoussa en disant qu'il éteindrait le feu. Il fut obligé d'aller ailleurs chercher un bivouac plus hospitalier.

Le 3 décembre, nous arrivâmes à Malodeczno. On y trouva des vivres et des fourrages qui nous permirent un bon repos, mais qui étaient insuffisants pour pouvoir séjourner dans ce lieu, comme on nous l'avait d'abord promis. Nous eûmes, dans cette petite ville, la douleur de voir succomber madame Allard. Depuis la fatale journée de la Bérézina, la pauvre femme avait souffert tout ce qu'il est humainement possible d'éprouver sans mourir. Elle n'avait point de

vêtements, et son mari, malgré ses instances,
n'avait pu la déterminer à se vêtir en homme.
Transie, mouillée, éperdue, elle avait été obligée
de suivre nos étapes à pied pendant deux jours,
avant qu'il fut devenu possible de lui trouver
une place sur une charrette. Une pneumonie se
déclara. La fièvre survint. J'appelai un médecin,
mais les médicaments faisaient défaut; et
d'ailleurs, il aurait fallu un bon lit, du repos,
des tisanes chaudes, tandis que nous n'avions
que la paille d'une charrette, et de l'eau glacée.
La pauvre femme s'éteignit en parlant de son
fils, en bénissant la mémoire du pauvre Lustrac,
et en nous recommandant, l'un à l'autre, son
mari et moi, pour nous porter un mutuel secours
pendant la longue et terrible route qui nous
séparait encore de la patrie. Nous creusâmes son
tombeau dans la neige glacée, et j'y plantai une
croix faite avec deux branches de sapin.

On nous annonça à l'étape suivante que
Napoléon allait quitter l'armée, pour regagner
Paris, où des raisons politiques rendaient sa
présence nécessaire. Nous reçûmes en même
temps communication du vingt-neuvième bulletin de la grande armée, qui est le dernier signé
par lui, et qui ne brille pas par l'exactitude. Ce

fut le général Murat qui reçut le commandement
suprême des débris de troupes, reste des six
cent mille hommes partis de France. Ce départ
fut regardé par quelques-uns comme une défec-
tion, et excita de sanglants murmures ; mais ils
furent bientôt apaisés. Nous n'avions même plus
l'énergie nécessaire pour la colère.

Nous apprîmes, en même temps, l'admirable
retraite des généraux Ney et Maisons, laissés
par l'empereur après le passage de la Bérézina,
pour protéger la colonne principale et former
l'arrière-garde. Malgré la fatigue, le froid et la
faim, la poignée de braves qu'ils commandaient,
avait trouvé la force de repousser une attaque
à la baïonnette, des avant-gardes de Tchitchakof ;
ils avaient, en brûlant les ponts de bois, si imprudemment laissés à notre disposition par les
Russes, gagné une journée entière de marche
paisible et atteint Pleszenitzi. Là, ils trouvèrent
la cavalerie ennemie qu'ils repoussèrent encore
pour s'ouvrir le chemin jusqu'à Malodeczno.
Mais Napoléon en était parti et nous n'y étions
plus. Il ne restait que le général Victor avec les
restes du neuvième corps déjà détruit, après
avoir rejoint depuis moins d'une semaine : ce
secours lui permit de repousser les cavaliers

russes et de les forcer à leur abandonner l'abri des maisons. Le lendema'n la plupart des ennemis, saisis par le froid, n'étaient plus en état de poursuivre, et la petite colonne nous arriva en fort mauvais train, mais triomphante.

Cependant le froid, auquel nous étions un peu accoutumés, prit tout à coup une intensité inconnue. Le 5, le thermomètre marqua 20 degrés au-dessous de zéro; le 6, 24 degrés, et le 7, 26 degrés. Pendant ces froids rigoureux, les Russes ont coutume de ne s'exposer à l'air que le moins possible, et après s'être couverts de fourrures qui les enveloppent entièrement. On comprend ce que dut produire une pareille température sur des malheureux comme nous, vêtus à la française, mal nourris, et obligés de bivouaquer pendant la nuit sous un vent impétueux et glacé. Aussi notre désastre prit rapidement des proportions qui font frémir. En vain cherchions-nous à nous soutenir mutuellement en marchant en colonne serrée la marche serrée. La marche non interrompue et rapide des soldats réunis en masse, obligeait ceux qui ne pouvaient la soutenir à quitter le centre de la colonne, pour se porter sur le bord du chemin. Séparés du groupe principal et abandonnés à eux-mêmes, ils perdaient

bientôt l'équilibre, et tombaient dans les fossés
remplis de neige, d'où ils pouvaient difficilement se relever. Ils étaient frappés aussitôt d'un
engourdissement douloureux, passant ensuite a
un état d'assoupissement léthargique, et, en
peu de moments, ils avaient terminé leur pénible
existence. En général la mort était plus ou
moins prompte, selon que le sujet avait éprouvé
une abstinence plus ou moins longue. La seule
division Loison, qui était forte de dix mille hommes, en perdit par le froid sept mille en trois
jours.

On manquait surtout de chaussures qui,
brûlées par les neiges, au milieu desquelles on
marchait constamment, furent bientôt entièrement usées. On était obligé de s'envelopper les
pieds de chiffons, de morceaux de couvertures de
laine, de peaux d'animaux qu'on assujétissait
avec des liens de paille ou des ficelles. Mais tous
ces moyens que la nécessité suggérait, étaient
bien loin de remplacer les souliers ou les bons
sabots de nos paysans. Ils rendaient, au contraire, la marche très-lente et ne garantissaient
que faiblement de l'impression du froid.

Le reste de l'accoutrement était en rapport
avec la chaussure. Surchargés de guenilles les

plus sales et les plus grotesquement disposées,
la tête couverte des coiffures les plus bizarres,
la barbe inculte, les cheveux en désordre, les
yeux caves, les joues décharnées, ces malheureux, sur le visage desquels se peignaient toutes
les douleurs physiques et morales, marchaient
comme des fantômes sordides sur la neige étin-
celante de blancheur.

Malgré ce qu'on faisait pour mitiger les effets
du froid, en s'entourant de tout ce qui pouvait
servir de vêtement, peu de soldats échappèrent
à la congélation, et chacun en fut frappé dans
quelque partie du corps. Heureux ceux chez qui
elle n'atteignit que le bout du nez, les oreilles,
ou une partie des doigts.

Ce qui rendait ces ravages encore plus funestes, c'est qu'en arrivant près des feux, on présentait imprudemment à la flamme les parties
refroidies qui, ayant perdu leur sensibilité,
n'étaient plus susceptibles de ressentir l'impression d'une trop grande chaleur, et tombaient en
gangrène, comme meurent dans les jardins les
jeunes plantes exposées au soleil après une
gelée d'avril.

Pour ne pas succomber, il ne fallait rien moins
qu'un exercice continuel qui tint constamment

le corps dans un état d'effervescence, et répartit la chaleur naturelle dans toutes les parties. Si, abattu par la fatigue, vous aviez le malheur de vous abandonner au sommeil, les forces vitales n'opposant plus qu'une faible réaction, l'équilibre de température s'établissait bientôt entre vous et les corps environnants, et il fallait bien peu de temps pour que, d'après l'acception rigoureuse du langage physique, votre sang se glaçât dans vos veines.

La mort n'attendait pas toujours l'engourdissement du sommeil pour saisir ces infortunés, elle les prenait tous vivants et en pleine route. On les voyait d'abord chanceler pendant quelques instants, et marcher d'un pas mal affermi comme des hommes dans l'ivresse. Il semblait que tout leur sang fut refoulé vers la tête, tant ils avaient la figure rouge et gonflée. Bientôt ils devenaient comme paralysés. Ne pouvant plus soutenir leurs bras, ils les abandonnaient à leur propre poids, et les laissaient aller passivement. Leur fusil s'échappait alors de leurs mains, leurs jambes fléchissaient sous eux; ils tombaient anéantis, et les yeux hagards, la face contractée, ils s'éteignaient en quelques instants.

Le bivouac du 6 décembre, à Osmania, fut

terrible. Il y avait 25 degrés de froid. L'atmosphère était immobile et muette. Les oiseaux tombaient gelés et raidis. Nos pas s'entendaient à peine sur la neige : nos yeux n'apercevaient au loin que le blanc linceul de la mort. Il fallut abattre des sapins pour faire les feux de bivouac, mais les plus valides seuls pouvaient manier la hache. Il n'y en eut pas pour tout le monde. Beaucoup ne purent trouver de braise pour faire cuire le morceau de cheval, ou la pâte de seigle qui formait notre seule alimentation. Ils se couchèrent sur la neige derrière le cercle de leurs compagnons plus heureux : le lendemain, on les trouva glacés, et sans les plaindre on se partagea leurs vêtements.

Nous avions hâte de quitter ces tristes parages et cet horrible spectacle, mais le jour ne parut qu'à huit heures passées. Le thermomètre était à 27 degrés. On pouvait à peine se tenir debout. La route sur toute sa longueur était semée de cadavres raidis. Nous couchâmes ce soir-là à Miedniki.

Dans la nuit, la température descendit à un degré inconnu, même en Russie. Le thermomètre marquait 28 degrés. Le brouillard intense couvrait de cristaux nos habits et notre visage.

Ce jour-là, monsieur Allard, qui, jusqu'à ce moment, avait montré un courage héroïque, cessa de pouvoir se servir de ses membres. Ses yeux pleuraient du sang, ses jambes étaient comme du marbre. Je l'enveloppai dans les fourrures d'un général qui venait de mourir, et le fis coucher dans un fourgon vide, avec le pauvre Mirault en travers de son corps.

L'abattement de l'armée était tel qu'on n'entendait plus ni plaintes, ni ordres, ni observations. Chacun marchait, devant soi, sans détourner la tête : sans rien demander, sans rien écouter, ne songeant qu'à la mort et maudissant la vie. Le général en chef, consterné d'un pareil spectacle, fit parcourir les bivouacs par les officiers. Ils annoncèrent qu'on n'avait plus qu'un jour à marcher, que déjà on pouvait découvrir les murs de Wilna, et que dans cette ville nous trouverions enfin le repos tant désiré des maisons, du bois, de la farine pour faire du pain à cent mille hommes, pendant quarante jours, de la viande fraîche pour cent mille hommes, pendant trente-six jours, trente mille paires de souliers, autant d'effets d'habillements, et de la bière et de l'eau-de-vie à discrétion.

Cette nouvelle produisit l'effet qu'on en attendait. Chacun fit un dernier effort de courage pour ne pas mourir avant d'avoir touché cet Eden. Les hautes murailles de la ville se sont montrées à nous ce matin, et aussitôt, sans attendre l'ordre des chefs, sans écouter les conseils de la raison, chacun selon ses forces, les uns courant, les autres se traînant, beaucoup jetant leurs armes et se débarrassant de tout ce qui pouvait ralentir leur marche, toute la foule, pêle-mêle, généraux et soldats, nous nous sommes précipités aux portes de Wilna.

Pour mon compte, je bénis Dieu d'avoir pu arriver jusqu'à l'hôpital, car je n'en pouvais plus. Je suis maintenant dans une bonne chambre, bien chauffée, avec mon pauvre et malheureux ami, monsieur Allard : Une bonne sœur de charité, de ces excellentes femmes qui remplacent si affectueusement, auprès des soldats malades, le rôle de leur mère absente, vient de nous servir du bouillon et du vin; après tout ce que nous avons souffert, il nous semble être en paradis.

C'est pourquoi, malgré la fatigue et les fièvres, j'ai voulu t'écrire ce soir même, bonne mère, te dire encore une fois, combien je t'aime, te charger d'embrasser, pour moi, mon excellent père, et de rappeler à madame de Cramaud et à la douce Marthe que je me recommande bien à leurs prières, et que je compte de tout mon cœur sur leur tendresse, car je les aime presque autant que vous.

Adieu, encore.

Ton Léon.

ÉPILOGUE

Cette lettre fut la dernière. Elle parvint à Nouic, vers la fin de janvier 1813, toute souillée de boue et d'eau. Déjà l'empereur était rentré en France, depuis le 19 décembre, et, dans tout le département, on ne signalait que deux ou trois soldats de la grande armée qui eussent regagné leurs foyers, encore ils appartenaient à la vieille garde, manifestement plus favorisée que les autres troupes, pendant toute la durée de l'expédition. J'ai su depuis que ma pauvre tante, en voyant entrer le facteur dans la petite salle où elle déjeunait avec son mari, avait été prise subitement d'un tremblement convulsif. On eût dit un pressentiment. Le vieux chirurgien, les larmes aux yeux, prit ses lunettes et lut la lettre. Mais les bonnes nouvelles qu'elle annonçait, les espérances mêmes qui perçaient à chaque ligne, semblaient plutôt redoubler leurs angoisses que dissiper leur anxiété. Leur prévoyante tendresse lisait déjà un acte de décès, à travers les lignes de cet affectueux adieu de leur enfant.

Les jours et les nuits se succédaient. Déjà on procédait à la nouvelle levée qui devait aller venger, sur la Prusse, les désastres de l'expédition de Russie. Les derniers traînards de la grande armée étaient rentrés chez eux. Un grand nombre de familles avaient reçu des actes de décès et prenaient le deuil. M. Marsac s'étonnait de ne point entendre parler de son fils, et écrivait lettres sur lettres au ministère de la guerre. Ma pauvre tante, sentant bien qu'elle ne pouvait plus avoir d'espérance que dans le ciel, se rendait chaque matin à l'église, mêler ses larmes et ses prières à celles des pauvres femmes qui venaient implorer la miséricorde de Dieu, pour leurs défunts : car cette année-là l'église ne désemplissait pas. Toutes les mères, toutes les sœurs, toutes les vieilles grand'-mères, avec les petits orphelins dans leurs bras, accouraient au pied de l'autel, qui est la dernière consolation des malheureux, et c'était pitié de les voir se frapper la poitrine, et éclater en sanglots à la pensée de leurs pauvres enfants, de leurs chers maris qu'elles ne reverraient plus.

Il ne se passait presque pas de jours que ma tante n'aperçût, dans un coin obscur de l'église, une ombre voilée, qui restait comme elle de longues heures en prières, et qui semblait faire effort pour ne pas être remarquée. Mais peut-on tromper le cœur d'une mère ? La pauvre femme attendait Madeleine au coin du bénitier, lui serrait silencieusement la main, et chacune d'elles rentrait à sa maison en étouffant ses larmes.

Cependant rien ne venait confirmer le terrible pressentiment dont elles étaient agitées. Les réponses venues du ministère étaient vagues et ne précisaient rien. Ce furent les journaux qui vinrent leur apprendre les derniers détails de cette terrible retraite de la grande armée, et creuser peu à peu dans leur cœur le douloureux pressentiment de la vérité.

A Wilna, les troupes, épuisées par un long jeûne, s'étaient précipitées non-seulement sur les manutentions de l'État, mais sur les magasins et les maisons particulières, avec une fureur et une rapacité plus facile à comprendre qu'à justifier.

Les débris mutilés de la grande armée se voyaient déjà en sûreté pour plusieurs mois dans cette place. Ils calculaient qu'ils y achèveraient cet hiver si rigoureux, qu'ils y vivraient tranquilles, au milieu du repos et de l'abondance, et qu'on leur laisserait tout le temps de se remettre de leurs héroïques fatigues.

Hélas! il n'en fut rien. A peine commençait-on à goûter cette douceur, que le canon des Russes se fit entendre. C'était l'avant-garde de Kutuzof, toujours acharné à poursuivre ses victimes, sans vouloir les anéantir, mais sans leur laisser un instant de relâche.

On essaya d'abord de résister : mais la rigueur du froid était telle, et tel le désappointement des soldats et des officiers, qu'il fallut plier. Le cri : « Voilà les Cosaques, » auquel on avait si souvent couru aux faisceaux, ne produisit cette fois aucun effet, et Murat, perdant tout espoir, fut le premier à quitter Wilna, le 10 au matin, en laissant au maréchal Ney le commandement de l'arrière-garde et le soin de protéger la retraite.

Depuis Viasma, cet illustre général n'avait presque jamais quitté ce poste périlleux; il reçut l'ordre sans répliquer, et, avec une poignée d'hommes, il tint jusqu'au soir, comme il en avait reçu l'ordre; derrière lui, les Cosaques de Platof inondèrent la ville. Ils la trouvèrent pleine de provisions, qu'on n'avait point donné ordre de détruire, et y capturèrent vingt mille Français, malades ou traîneurs, qui n'avaient pas pu ou pas voulu suivre Murat dans sa retraite. Il y avait en outre un nombre incalculable de chariots et de voitures pleines du butin de Moscou, que ces malheureux avaient, par miracle, sauvés de tous les obstacles. On pense que la vue de tant de richesses, exalta la cupidité des Cosaques et des Juifs, marchands de la ville, au point que non-seulement ils dépouillèrent les Français de tout ce qui leur restait, mais en firent un horrible carnage qui dura plusieurs jours. Les hôpitaux furent laissés sans provisions, et on ne se donna pas la peine d'enlever les cadavres de ceux qui mouraient. Au vaste couvent de Saint-Basile, où plusieurs milliers de prisonniers avaient été entassés, ils ne reçurent, du 10 au 23 décembre, que quelques biscuits, mais on ne songea à leur donner ni bois ni eau, ni paille, ni secours d'aucune espèce. La neige des cours était leur seule boisson. Chaque matin des soldats de corvée jetaient par les fenêtres les morts de la veille et de la nuit, que l'on trouvait partout entassés dans les corridors et dans les escaliers. Il périt seize mille de ces malheureux en treize jours. Le jeune Marsac et son ami monsieur Allard, furent sans doute de ce nombre.

J'ai dit que le 10, à quatre heures du matin, Murat s'était mis en marche, suivant la route de Kowno. Il n'avait avec lui que 4,300 combattants, en y comprenant la garde. Quand, au petit jour, il arriva en un point nommé le défilé de Ponari, situé à une lieue et demie de Wilna, il trouva ce passage difficile et escarpé, tellement encombré par les voitures des vivandiers, qui s'étaient mis en route depuis la veille, qu'il lui devint impossible de faire ouvrir un chemin à ses soldats. Ils furent obligés de passer de chaque côté, à travers les bois dans lesquels la route serpente, abandonnant ce qui restait encore d'artillerie et de bagages. Dans cette occasion, les bagages de l'empereur lui-même et la caisse du trésor de l'armée, contenant environ dix millions d'argent, furent abandonnés à l'avidité des fuyards, qui les pillèrent sous les balles des Cosaques avant de les abandonner, et disparurent ensuite dans les bois, laissant sur place canons, affûts et malades. Ce fut une véritable déroute.

Murat poussa, le 10, jusqu'à Ewé; le 11, il atteignit Rumziski à sept heures du soir, et Kowno vers minuit. Ney, avec son flegme et sa prudence ordinaires, soutenait la retraite: s'arrêtant chaque jour à cinq heures du soir, repartant à dix et poussant devant lui la foule des traîneurs, à force de cris, de prières et de coups, en même temps qu'il retenait les Cosaques, engourdis par la rigueur de la saison, et toujours prêts à maudire leur triomphe.

Les journées du 13, 14 et 15 décembre, furent encore plus froides que les précédentes, et suivies de nuits plus terribles que les combats les plus désastreux. Il est vrai que la rigueur de la température eut cette fois un résultat heureux pour nos soldats : Les Russes eux-mêmes en furent incommodés au plus haut point, et les terribles Cosaques, trouvant, chaque matin, leur compagnons glacés et morts, près de leurs armes, perdirent l'ardeur du pillage et l'animosité de la lutte qui avait signalé les premières rencontres.

Kowno contenait des magasins très-considérables, gardés par une garnison française, deux millions et demi d'argent monnayé, quarante-deux canons, dont vingt-cinq attelés. Il eût été important de s'y cantonner, de s'y reposer ; mais le Niémen, qui en forme la principale défense, était couvert d'une glace épaisse; les Russes du général Platof arrivaient avec une artillerie redoutable. Murat se crut obligé de quitter la place, le 13, à cinq heures du matin, par une température sibérienne, en faisant recommander à l'arrière-garde de s'y maintenir, s'il était possible, pendant les journées du 13 et du 14.

Ney s'était arrêté, le 12 au soir, à l'entrée du défilé de Rumziski ; il se mit en marche le 13, avant le jour, pour Kowno, et y arriva dans la matinée avec mille combattants. C'était tout ce qui lui restait. Loin de pouvoir conserver la place, pendant deux jours, il ne parvint à s'y maintenir, jusqu'à la nuit, qu'en développant une énergie extraordinaire. Tout était bouleversé quand il y entra. Les magasins venaient d'être pillés par les traîneurs. Les rues étaient encombrées de soldats ivres et des cadavres de ceux que le froid avait immolés. Vers deux heures, une hauteur qui domine la ville, fut occupée par l'artillerie russe qui se mit à foudroyer la ville. Heureusement qu'on était à une époque de l'année où la nuit vient vite. A la faveur des ténèbres, il s'échappa par la route de Tilsit, la seule qui fût libre, après avoir détruit tout ce qui restait en approvisionnements et en matériel d'artillerie. Il ne lui restait plus que deux cents hommes armés. Il s'enfonça dans les bois pour gagner Gumbinen par les chemins de traverse.

Murat avait atteint cette petite ville depuis le 17. L'armée s'y trouva donc réunie, et comme Platof n'osait les y poursuivre, attendant les ordres de ses chefs, avant de pénétrer en Prusse, ils purent s'y reposer un peu de leur terrible et mortelle odyssée.

Ce fut là que Murat, après avoir réuni autour de lui les chefs des diverses armées dont il ne restait que l'ombre, Davoust, Ney, Eugène, Berthier, Lefèvre, Mortier et Bessières,

leur tint un discours indigne de lui, où il blâmait hautement
la conduite de celui qui l'avait fait roi. Après quoi, ayant
réuni les débris des divers corps, il leur assigna pour garnison, Varsovie, Plock, Thorn, Marienberg et Marienwerder;
puis il partit lui-même pour Kœnigsberg, où les Prussiens ne
firent aucun effort pour lui cacher la haine qu'il leur
inspirait. L'hiver, qui avait poursuivi la grande armée jusque-là, disparut tout à coup. En une nuit, le thermomètre
descendit de 20 degrés.

Les Prussiens et les Allemands n'attendaient qu'une occasion pour rompre une alliance forcée. Ils s'empressèrent d'en
profiter, et les généraux qui commandaient leurs armées de
secours, reçurent ordre de cesser leurs hostilités contre les
Russes : et le 23 décembre, Platof, ayant reçu l'autorisation de
pénétrer sur le territoire prussien, arriva le 21 à Gumbino .

Les Français de Murat, forcés d'évacuer précipitamment la
vieille Prusse, se retirèrent sur Elbing et Dantzik, où les débris
de la grande armée furent définitivement dissous, vers le
11 janvier, et regagnèrent isolément leurs foyers.

Pendant ce temps, l'empereur Alexandre faisait distribuer
dans ses Etats la proclamation suivante, datée du 13 janvier 1813 :

« Soldats ! l'année est écoulée ! Année mémorable et glo-
rieuse, dans laquelle vous avez précipité dans la poussière
l'orgueil de l'insolent agresseur ! Elle est écoulée, mais vos
faits héroïques restent ; le temps ne saurait en effacer le
souvenir ; ils sont présents à vos contemporains : ils vivront
dans la postérité.

» Vous avez acheté, au prix de votre sang, la délivrance de
votre patrie que menaçaient des puissances liguées contre son
indépendance. Vous avez acquis des droits à la reconnaissance
de la Russie et à l'admiration des autres pays. Vous avez
prouvé par votre fidélité, votre valeur et votre persévérance,
que contre des cœurs remplis d'amour pour Dieu et de
dévoûment envers le souverain, les efforts des plus formida-
bles ennemis sont semblables aux vagues furieuses de l'Océan,
qui se brisent, en efforts impuissants, contre les rochers
inébranlables et ne laissent après elles qu'un bruit confus.

» Soldats ! désirant distinguer tous ceux qui ont participé a ces exploits immortels, j'ai fait frapper des médailles d'argent qui ont été bénies par notre sainte Eglise. Elles portent la date de la mémorable année de 1812. Suspendues à un ruban bleu, elles décoreront les poitrines guerrières qui ont servi de bouclier à la patrie. Chaque homme de l'armée russe est digne de porter cette honorable récompense de la valeur et de la constance.

» Vous avez tous partagé les mêmes fatigues et les mêmes dangers. Vous n'avez eu qu'un cœur et qu'une volonté, vous serez enorgueillis de porter tous la même décoration. Elle proclamera partout que vous êtes les fidèles enfants de la Russie, enfants sur lesquels Dieu le père repandra sa bénédiction.

» Que vos ennemis tremblent en voyant ces décorations! qu'ils sachent que sous ces médailles palpitent des cœurs animés d'une valeur impérissable! impérissable parce qu'elle n'est point fondée sur l'ambition ou l'impiété, mais sur les bases immuables du patriotisme et de la religion. »

FIN.

Limoges. — Imp. E. Ardant et Cᵉ.

www.ingramcontent.com/pod-product-compliance
Ingram Content Group UK Ltd.
Pitfield, Milton Keynes, MK11 3LW, UK
UKHW021512090726
13657UKWH00001B/198